만고 萬古의 명장名將

전봉준 장군과 동학혁명

◉ 증산도상생문화총서 012
 만고萬古의 명장名將, 전봉준 장군과 동학 혁명

발행사항 : 2011년 11월 11일 초판 1쇄
            2016년 8월 15일 2쇄 인쇄

글쓴이 : 김철수
펴낸이 : 안경전
펴낸곳 : 상생출판
주소 : 대전광역시 중구 선화동 289-1번지
전화 : 070-8644-3156
팩스 : 0303-0799-1735
E-mail : sangsaengbooks@sangsaengbooks.co.kr
출판등록 : 2005년 3월 11일(제175호)
ⓒ 2011, 2016 상생출판

ISBN 978-89-94295-24-4
ISBN 978-89-957399-1-4(세트)

만고萬古의 명장名將

전봉준 장군과 동학혁명

김철수 지음

상생출판

들어가기

격동의 시대

19세기 인류사는 약육강식의 원리가 지배하였다. 이른바 제국帝國의 시대, 부국강병을 통해 모든 국가가 제국을 꿈꾸었다. 이러한 제국주의 시대가 열리면서 지구촌은 대변혁의 소용돌이로 휩쓸려들기 시작하였다. 격동의 시대였다. 지구촌은 먹는 자와 먹히는 자로 나뉘었다. 제국은 자신들의 이익을 더욱 더 쟁취하기 위해서 무자비한 폭력을 사용하는가 하면, 약소국들은 민족의 숨 줄을 잇기 위해 안간힘을 쓰기에 급급했다. 이런 19세기, 서구 제국주의 세력이 동양으로 몰려들었다. 동아시아에서 동서문명이 본격적으로 충돌하기 시작했다.

> "이제 동양이 서양으로 떠 넘어가는데 공부하는 자들 중에 이 일을 바로잡으려는 자가 없으니 어찌 한심치 않으리오."(『도전』 2:120:5)

> "동양이 서양으로 넘어간다. 아이고~ 아이고~ 목구녕까지 다 넘어갔다."(『도전』 3:300:4)

격동의 시대, 동북방에 위치한 조선 왕조의 운명은 바람 앞의 등불과 같았다. 서양 제국주의 열강들은 밖으로부터 조선 땅을 위협해 들어왔다. 그들은 근대화된 무기로 무장한 군함 등을 앞세워 무력시위를 벌였다. 이런 근대화된 물질문명뿐만 아니라 기독교도 그들의 정신적 무기였다. 기독교는 제국주의의 첨병노릇을 톡톡히 해 내면서 사람들의 마음을 혼란시키고 있었다. 이렇듯 19세기 조선 땅에 밀려드는 서양 제국주의 세력, 그러나 조선은 준비된 상태가 아니었다. 받아들이기는 커녕 오히려 척화斥和의 논리로 아예 첨병의 싹을 제거하려고 했다. 그러나 대적하기에는 너무 버거운 상대였다. 조선 땅은 크나큰 위기에 직면하였다.

설상가상으로 안으로는 무능한 조정과 벼슬아치들의 횡포, 번갈아 찾아오는 홍수와 가뭄 등 잦은 자연재해로 나라는 파탄지경에 처했다. 조선 백성들의 삶은 피폐할 대로 피폐해졌다. 숨조차 제대로 쉴 수 없는 상황, 심신心身이 갈갈이 찢기우고 쌓인 백성들의 원한이 뼈에 사무쳤다. 아니 어쩌면 이 동방 땅에 살아온 한민족이 수백, 수천 년 동안 맺힌 원한인지도 모른다. 백성들은 숨막혔고 곳곳에서 난을 일으켰다. 이렇듯 동방 조선 땅에서 근대의 아침은 민란으로 시작되었다.

사회경제적으로도 매우 불안한 시기였다. 전국에 민란이 빈발하는 어지러운 상황에 인심조차 흉흉하고 도둑 떼와 걸인이 거리를 메웠다. 불안한 시작이었다. 이런 와중에 1842년에는 중국이 영국 등 제국주의 세력의 끈질긴 공격에 무릎을 꿇고 문을 열었다는 소식이 들려왔다. 그래도 한 가닥 기대를 걸고 믿었던 중국이 무너진 것이다. 순망치한脣亡齒寒이라! '입술이 없으면 이가 시리나니,' 조선의 불안함은 극도에 달했다.

　이렇듯 암울한 시대에 불을 밝힌 것이 있었으니 바로 동학 東學이었다. 동학을 창도한 수운 최제우(1824-1864) 대신사는 '시천주'와 '다시개벽' 등 희망의 메시지를 전해주었다. 지금껏 선천성자들이 외쳐왔던 새로운 사회의 소식이 이루어지는 시기였다. 이 소식을 먼저 접하고, 조선민중에게 알리면서 '동방의 땅에 생명의 길을 닦은'(『도전』 1:8:21) 자가 최제우 대신사였다. '하늘의 정사政事가 동방에 있었다.'(『도전』

최수운대신사가 득도한 경주 용담정의 모습.

5:125:4)

"하늘에서 동방의 이 땅에 이름 없는 한 구도자를 불러 세워 신교의 도맥을 계승하게 하고 후천개벽으로 새 세상이 열릴 것을 선언토록 하셨으니 그가 곧 동학東學의 교조 수운水雲 최제우崔濟愚 대신사大神師니라." (『도전』 1:8:4-5)

동학과 동학혁명

19세기 중반을 살았던 최수운은 분명 희망을 알렸으나 조선사회는 뭔가 불안하고 혼란스럽기만 한 세월을 보냈다. 원인이 무엇인가 가늠할 틈도 없이 새로운 문제가 줄을 이었다. 불안과 혼란이 더욱 가중되었다. 최수운이 전한 새로운 소식은 설렘과 희망의 내용이었지만 조선왕조는 오히려 두려움에 사로잡혔다. 조선사회는 '상해지운傷害之運'의 세상, 곧 '어지럽고 힘들어 백성이 살기 어려운 운수'의 세상이었다. 사람들은 '다른 사람을 위하기 보다는 자신의 사사로움만 추구하는 마음'(각자위심各自爲心)을 갖게 되었고 '성경신을 다해 천주를 모시고 함께 하는 것'(동귀일체同歸一體)을 잊어버렸다. 조선사회는 가치와 질서가 무너진 상황이었고, 그

경주 가정리의 최수운대신사 유허비.

야말로 멸망조짐이 보이는 상태였다. 이런 '상해지운'의 세상은 '다시 개벽'되어야만 하는 운수였다.

그러나 1864년 갑자년에는 수운 최제우가 대구 관덕당觀德堂 장대將臺[1]에서 참형을 당했다. 이때 수운의 나이 41세. 당시 「승정원일기承政院日記」에 기록된 그의 죄목은 "서교西敎와 같은 것으로 세상을 어지럽혔다"였다. 소위 '혹세무민惑世誣民'과 '좌도난정左道亂正'이란 죄명이었다. 하나님으로부터 대도를 받아 세상에 알린지 채 3년이 지나지 않은 때였다. 그러나 최수운의 죽음은 어쩌면 천명天命에 의한 것일지도 모른다. 최

대구 관덕당 장대 터.

1 현재의 대구시 중구 덕산동 일대에 있었다.

제우가 형장의 이슬로 사라진 이래, 잔피에 빠진 조선의 민중들에게 엄청난 역사의 회오리가 몰려오고 있었기 때문이다. 이 때는 불안과 혼돈의 시기이기도 했지만, 동시에 설렘과 희망의 시기였다. 수운의 죽음에도 불구하고 동학은 꾸준히 교세를 확장하여 나갔고, 30여년이 흐르면서 민중들의 깊고 깊은 원한과 맞물려 대란을 일으켰다. 이른바 19세기 말의 동학혁명이었다.

> "동학東學 신도들이 안심가安心歌를 잘못 해석하여 난을 지었느니라. 일본 사람이 3백 년 동안 돈 모으는 공부와 총 쏘는 공부와 모든 부강지술富强之術을 배워 왔나니 너희들은 무엇을 배웠느냐. 일심一心으로 석 달을 못 배웠고 삼 년을 못 배웠나니 무엇으로 그들을 대항하리오. 그들 하나를 죽이면 너희들은 백이나 죽으리니 그런 생각은 하지 말라."(『도전』 5:4:1-4)

동방 한민족! 어제는 저 이리떼에 몰리고 오늘은 이 승냥이에게 뜯기며 쓸개보다 더 쓴

동학 농민군을 상징화한 조형물(보은).

곤욕을 참으며 살아온 지 오랬다. 그토록 순박하고 어질게 인종忍從하던 한민족이었다. 타오른 원한의 불길은 마침내 동학혁명으로 폭발했던 것이다. 그러나 동학혁명은 동방 한민족의 근대사의 출발점이자 전 인류 문명사에서도 정신문화의 한 축을 세우는 시작점이었다. 동학혁명은 '근대'의 희망을 품고 일어난 거사였기에 이 땅의 민중들에게 '보국안민'의 희망을 안겨줬다. 혁명에 참여한 민중들은 머리에 '오만년 수운受運'이라고 쓴 띠를 두르고 '시천주侍天主' 노래를 부르며 죽창을 들고 거침없이 싸웠다. 곧 '새로운 후천 오만 년의 운을 받으며' '천주를 모시는' 혁명에 참여한 것이었다. 그리고 그들은 '다시 개벽'된 세상의 도래를 외치면서 60만 명이 참혹하게 죽어갔다. 그 선두에 녹두장군 전봉준全琫準(1855-1895)이 서 있었다.

책의 목적과 구성

이 글은 바로 그 동학혁명을 이끌었던 전봉준 장군을 다루었다. 동방 한민족의 근대사의 출발점이자 개벽의 새 시대를 알린 동학혁명, 전봉준은 여기서 무서우리만큼 맵고 차게 그리고 불꽃처럼 치열한 삶을 살다간 장군이었다. 그는 망국의 시대에 모든 것을 바쳐 나라와 민중을 구하려 일신一身을 불태운 처절한 혁명가였다. 전봉준의 혁명은 동학의 창도자 최수운이 노래한 세상, 곧 후천 오만년 운수의 새 세상을 노래한 것이었다. 그 세상은 문명사적으로 시기와 원한 그리고 전쟁에 찌든 상극의 세상이 아니라 상생의 새 세상을 여는 창업의 일이었다.

> "전명숙은 내 세상의 앞길을 열었느니라. 수운가사는 수운이 노래한 것이나 나의 일을 노래한 것이니라."(『도전』 2:31:5-6)

전봉준은 이 창업의 첫머리인 창업군주였다. 증산상제는 "전명숙은 진실로 만고명장이라. 백의한사白衣寒士로 일어나서 능히 천하를 움직였느니라."(『도전』 5:339:6-7)고 하며, 전봉준 장군의 공덕을 높이 평가하였다. 전봉준 장군이 이끈 동학군이 내건 기치는 '보국안민輔國安民'과 '척양척왜斥洋斥倭'였다. 동학혁명이 '척양공왜斥洋攻倭'를 부르짖은 것은 당연하였다. 일본은 임진란(1592-1598) 뒤에 한반도에서 물러간 후에도 침략의 야욕을 접지 않았다. 호시탐탐 기회를 엿보던 그 일본이 동학혁명을 틈타 조선역사에 개입했기 때문이다. 양계초梁啓超는 "일본이 조선을 도모(謀)한지 수십 년이라, 그 첫째 작업은 조선을 청국으로부터 분리(離)함이니…… 그 결과가 청일전쟁이었다"(『월남망국사』)고 했다. 청일전쟁(1894-1895)은 동학혁명에 출병하는 문제가 발단이 된 싸움으로, 수천 년간 이루어져 온 동아시아 패권을 일본으로 바꾼 순간이었다.

'동학의 발단은 미미하였으나 그 결과는 엄청났다. 조그만 불티가 들판을 태우는 데까지 이르렀으니 한국의 대란大亂과 중·일간 대전이 모두 이로 말미암아 시작되었다'(韓國之大亂 中日之大亂 由是而作矣). 전 생애를 민족의 해방과 독립에 바친 박은식의 이야기이다. 19세기 마지막 10년은 혁명과 전쟁이 휘몰아친 시기였다. '개벽의 새 시대를 알린 이 혁명'(『도전』 1:43:11)! 동학혁명은 천하의 난을 일으킨 첫 걸음이었다.

> 혁명이란 깊은 한恨을 안고 일어나는 역사의 대지진인즉, 동방 조선 민중의 만고의 원한이 불거져 터져 나온 동학혁명으로부터 천하의 대란이 동하게 되니라.(『도전』 1:43:9)

그러나 동학혁명은 애초부터 어려운 싸움이었다. 이런 동학혁명을 처음부터 조용히 지켜보았던 증산 상제는 이미 혁명의 앞날을 내다보고, 경계하였다.

> 증산께서 그 전도가 이롭지 못함을 미리 아시고 "때가 아니니 나서지 말라." 하시며 "성사도 안 되고 애매한 백성만 많이 죽을 것이라." 하고 경계하시니라.(『도전』 1:43:6-7)

동학혁명은 새 시대를 알리며 천하의 대란을 동動케 했으나 성사를 이루지 못한 혁명이었다. 이 땅에 일본을 불러들이는 구실을 줬고, 60만 명이 참혹하게 죽고 나라를 반죽음의 상태로 몰아간 혁명이었다. 동학혁명과 전봉준! 증산상제는 동학혁명과 그 지도자 전봉준 장군에 대한 다양한 평가를 하였다.

앞서 지적했듯이 동학혁명에 대해서 증산상제는 많은 인명을 살상하고 아직 때가 아님을 들어 경계하였으나, 천하의 대란을 동케 한 그 의미만큼은 긍정적으로 보았다. 새로운 사회를 열고자 혁명에 목숨을 초개처럼 걸었던 전봉준 장군의 공덕만큼은 결코 가벼이 보지 않았던 것이다. 때문에 증산상제는 전봉준 장군의 공덕을 높이 기려 죽은 후 신명계에서 후천의 새 문명을 여는 주역으로 쓰고 있었다. 이 글은 바로 이러한 증산상제의 새로운 평가를 중심으로 다루어 나갔다. 왜 전봉준 장군에 대한 기존의 많은 소개글(전기, 평전 등)에도 불구하고 여기서 다시 전봉준을 다루었는가? 이는 곧 증산상제가 선천 상극의 세상을 닫고 후천 상생의 새 문화를 여는 칠성령七聖靈의 한 주역으로 임명했기 때문이다.

칠성령은 신문명을 여는 조화정부의 주역인 일곱 성령들이다. 하늘에 삼태·칠성이 있어 북극성(천제)을 중심으로 일순하면서 하늘의 대 시계를 이루는 것처럼, 새로운 문명이 열릴 때에도 칠성령이 조화정부에서 각각 제 역할을 하게 된다. 증산상제는 선천 문화권에서 쌓은 공덕을 인정하여 일곱 신성神聖 곧 칠성령을 조화정부에 임명하고, 이들로 하여금 후천 새 문화를 여는네 힘쓰도록 했던 것이다. 여기에는 백의한사로서 천하를 움직인 전봉준 장군 외에 천국을 이 세상에 세우려 했고 천상에서도 인간문명 개발에 역사한 마테오 리치 대성사, 그리고 천명을 받고 동학을 창도한 최수운 대신사, 조선시대의 도승 진묵대사, 제 2의 공자로 불리는 주회암朱晦庵 대성사, 후천세상이 오는 이치를 밝힌 김일부金一夫 대성사, 대인대의大仁大義한 심법과 정의로움의 표상이 되는 관성제군關聖帝君이 포함되었다.

이 가운데 전봉준 장군은 새 세상인 선경을 건설하는 '녹을 지닌 백의한사'였던 것이다. "시속에 전명숙全明淑의 결訣이라 하여 '전주 고부 녹두새'라 이르나 이는 '전주 고부 녹지사祿持士'라는 말이니 장차 천지 녹지사가 모여들어 선경仙境을 건설하게 되리라."(『도전』 8:1:7-8) 하였다. 전봉준은 만인으로부터 추앙을 받으며 천추에 혈식을 끊임없이 받아 온 일심一心을 가진 자였다. 때문에 그는 후천 새 문명으로 나아가는 남조선 배의 키를 거머쥔 도사공이었다.

"이 일은 남조선 배질이라. 혈식천추 도덕군자의 신명이 배질을 하고 전명숙全明淑이 도사공이 되었느니라."(『도전』 6:83:4)

일심一心으로 새로운 세상의 단초端初를 알린 백의한사이자 만고명장 전봉준.

새 세상의 앞길을 연 첫머리가 된 창업군주 전봉준.

그리고 조화정부의 일곱 성령 중 한 사람인 전봉준 장군.

여기서는 그가 주도적으로 일으킨 동학혁명과 그의 삶 및 의미를 중심으로 살펴보려 한다. 그러나 동학혁명의 봉기에 대한 증산상제의 생각은 전봉준 장군과 자못 달랐다. 뿐만 아니라 동학혁명과 전봉준 장군에 대한 증산상제의 사후 평가 역시 일반 학계의 시각과도 달랐다. 왜, 어떤 점이 다르고 그 의미는 무엇일까? 이를 밝히는 일은 흥미로운 일일 것이다. 이 글은 바로 이러한 증산상제의 평가에 터한 글이다. 따라서 증산상제의 어록과 행적을 기록한『도전』이 중심 자료가 되었다. 이를 토대로 동학혁명의 전개과정을 살펴보고, 마지막에는 전봉준 장군에 대한 증산상제의 평가를 중심으로 그 공덕을 정리해 보고자 한다.

차례

1장. 태인 동골의 백의한사白衣寒士

19세기 말, 동방 땅 조선은 안팎으로 누란의 위기를 맞았다. 조선에 눈독을 들인 서구 제국주의 열강들의 탐욕도 그치지 않았고, 조선 땅 구석 구석에는 미명의 혼란과 어둠이 짙게 드리워졌다. 그들의 끊임없이 침략과 간섭으로 조선의 운명은 그야말로 풍전등화의 위기에 처했다. 당연지사! 백성들의 삶은 참담했다. 상황이 이런 지경인데도 부패하고 무능한 봉건 통치배들은 동병상린은 커녕, 사대·매국행위를 일삼고 백성들의 고혈을 짜는데 여념이 없었다. 동방 조선 땅 곳곳에서 민중들의 원과 한이 겹겹이 쌓이고 있었다. 마치 혁명을 기다리기라도 하듯이 말이다.

갑오甲午(1894)년에 태인 동골 사람 전명숙全明淑이 보국안민

輔國安民이라는 기치를 내걸고 동학 신도들을 모아 고부에서 난을 일으키니 온 세상이 들끓으니라.(『도전』 1:43:1)

  마침내 이들의 원한이 폭발했다. 전라도 고부에서 한 점의 불꽃이 지펴졌던 것이다. 이 불꽃이 민중들의 원한을 휩쓸며 요원燎原의 불길처럼 타올랐다. 마치 불과 기름이 만난 격이었다. 불길은 곧 동방 한민족의 민족운동사에서 가장 대규모적이고 가장 굳센 의지를 보여줬던 동학혁명으로 전개되었다.[2] 그리고 그 불꽃의 한 가운데 만고명장 전봉준 장군이 우뚝 서 있었다.

전봉준 장군의 초상

일찍이 전명숙은 신묘辛卯(1891)년부터 3년간 서울을 오르내리며 흥선대원군을 만난 일이 있더니 대원군이 명숙의 뜻을 물은즉 "제 흉중胸中에 품은 뜻은 나라와 백성을 위하여 한 번 죽고자 하는 마음뿐이오." 하고 대답하니라.(『도전』 1:43:2-3)

---

2 '동학'이란 용어의 적합성 여부나 '전쟁'과 '혁명'의 개념 차이 등으로 인해 다양한 명칭으로 불리운다. 동학혁명, 갑오농민전쟁, 갑오농민혁명, 동학농민혁명, 동학농민운동, 동학농민전쟁, 동학농민봉기, 1894년 농민전쟁 등이다. 왕현종, "1894년 농민봉기, 어떻게 부를 것인가," 『역사비평』 10호, 1990 가을호 참조.

전봉준!

그는 나라와 민족의 운명을 구하고자 정의의 깃발을 높이 치켜든 인물, 민중들의 원한을 외면하지 않고 그들을 위해 한 몸 서슴없이 던진 지도자였다.[3] 뿐만 아니라 백성을 도탄에서 건져 새 세상의 앞 길을 열고자 했던 만고의 명장이었던 것이다. 그는 몸이 왜소하여 흔히 녹두綠豆라 불렸다. 이런 자그마한 체구로 뒷날 녹두장군이란 별명을 얻게 되었다.

전봉준의 가계

1855년 12월 3일, 전봉준은 고부군 궁동면宮洞面 양교리陽橋里(지금의 정읍시 이평면 장내리)에서 출생하였다.[4] 족보에 의

---

3 전봉준 생애에 대한 기록들로는 김상기金庠基의 『동학과 동학란』(한국일보사, 1975), 오지영의 『동학사』(대광문화사, 1996), 김용덕의 『동학혁명 혁명투사 전봉준』(동학출판사, 1973), 김의환의 『전봉준 전기』(정음사, 1979), 김용섭의 "전봉준 공초의 분석"(『동학혁명의 연구』, 백산서당, 1993), 최현식의 『갑오동학혁명사』, 요코가와 사다오橫川貞夫의 "전봉준에 대한 고찰"(『조선사연구회논문집』 13, 1976 ;『동학혁명의 연구』, 백산서당, 1993), 신복룡의 『전봉준의 생애와 사상』(양영각, 1982), 조경달의 "갑오농민전쟁 지도자=전봉준 연구"(조선사총』 7, 1983), 우윤의 『전봉준과 갑오농민전쟁』(창작과 비평사, 1993), 이이화의 "전봉준과 동학농민전쟁"(『역사비평』 7-10호, 1989-1990), 조광환의 "전봉준의 생애연구-고부봉기 이전의 행적을 중심으로-"(원광대 석사논문, 2000), 김양식의 『새야 새야 파랑새야』(서해문집, 2005), 김삼웅, 『녹두 전봉준 평전』(시대의 창, 2007) 등 다수의 저서와 논문이 있다.

4 그의 출생지에 대해, 전라도 전주태생으로서 어려서 태인현 감산면으로 이주하였다는 주장과 고창군 고창읍 죽림리 당촌마을에서 출생하였다는 주장, 그리고 정읍군 이평면 조소리(옛 고부군 궁동면)에서 태어났다는 수상이 있다. 이 세 가지 입장 가운데 전주 출생설은 후기 전주인사들이 만들어

하면,[5] 이름이 봉준 외에 철로鐵爐, 병호炳鎬로도 기록되어 있고 자字는 명숙明淑, 명좌明佐라 했다. 고창군 당촌마을에서는 전봉준을 녹두장군 대신에 족보명이자 아명인 '씨화로' 혹은 '쇠화로'(鐵爐)라 불렸던 것을 아직도 기억한다고 했다. 집안의

전봉준장군의 족보.

불씨를 담은 '씨화로', 불꽃을 피워 사람들을 훈훈케 하는 '쇠화로'는 어쩌면 전봉준의 운명을 예고했던 것은 아닐까?

그런 전봉준은 천안 전씨 시조始祖인 전악全樂으로부터 53세

낸 설로 생각된다. 그리고 고창읍 죽림리 당촌 출생설은 옛날 당촌에 20여 호의 전씨 마을이 있었고 동학혁명 때 동학농민군의 두목들이 많이 배출되었다는 옛날 노인들의 이야기에 근거한 설이다. 또 이평면 조소리설은 전봉준의 아버지 전창혁이 고부군 향교의 장의였다는 점과 선대로부터 대대로 살아온 곳이라는 이야기에 근거했다. 송정수, "전봉준 장군 출생지에 대한 고찰,"『전라도 고창지역의 동학농민혁명』, 고창문화원, 1998 참고.

5 족보는 임술보壬戌譜(1862년 간행)와 병술보丙戌譜(1866년 간행)가 있다. 내용이 조금씩 차이가 있다. 『천안전씨세보天安全氏世譜』(이하 병술보丙戌譜)에, 전봉준은 천안전씨天安全氏 삼제공파三帝公派가 아닌 문효공文孝公(신信, 호號는 백헌柏軒)파派의 지파枝派인 연산공連山公(민敏) 증손曾孫 송암공松庵公(오상五常)파派에 속해 있다. 병술보丙戌譜에서 전봉준의 부친은 1827년생으로 창혁彰赫, 형호亨鎬 등의 이름과 함께 호적 명은 기영基昶으로 나오고, 그의 모친은 1821년 생으로 언양彦陽 김씨金氏라고 되어 있다. 또 전봉준의 족보 명이 전병호全炳鎬이며 처음 이름이 철로鐵爐, 자字는 명좌明佐이며, 철종哲宗 을묘생乙卯生으로 되어 있다.

손이며, 문효공文孝公으로부터는 10세손이었다.[6]

전악은 고려의 개국공신으로, 고려 태조가 견훤과 싸울 때 신숭겸申崇謙과 함께 전사하여 삼사 좌복야三司左僕射에 추증되고 천안부원군天安府院君에 봉해진 인물이다. 후손들이 이를 연유로 천안을 관향으로 하여 대를 이었다. 선조 중에 종6품(선무랑宣務郎), 정5품(통덕랑通德郎) 등의 벼슬을 지낸 인물이 있었고, 무인武人으로 많은 공을 세운 가문이었다. 그런 만큼 비록 지체가 높지는 않지만 양반의 집안임에는 틀림이 없었다 그러나 증조부曾祖父(도

정읍시 이평면 장내리 전봉준장군이 살던 집. 사발통문 거사모의 때와 1차 봉기 당시 3년 가량 거주 한 곳이다.

2008/05/08

---

6 천안 전씨의 시조 전악은 고려 개국공신으로서 삼사좌복야를 지냈으며 천안군으로 봉해졌다. 그 후손 가운데 대표적 인물로서는 전신, 전상의, 전동흘 등이 유명하다. 또 근대에 들어와서는 전봉준이 이름을 떨치었다. 전신은 고려 충숙왕(1314~1330; 1332~1339년)때 진현관 대제학, 동지밀직사를 지냈으며 전상의는 1603년 무과에 급제하여 여러 벼슬을 거쳐 1627년 정묘호란 때 구성부사로 평안도 병마절도사 남이흥, 안주목사 김준과 함께 안주성을 지키다가 순절했다. 그리고 전동흘은 효종(1650~1659년)때 무과에 급제하고 특히 용병에 능하여 이상진, 소두산과 함께 '3걸'이라고 불리웠으며 현종(1660~1674년)때 7도 병마절도사를 지내고 숙종(1675~1720년)때에는 총융사 훈련대장을 역임하였다. 이밖에도 천안 전씨 후손 기운데는 임진왜란 때 의병을 읽으켜 많은 전공을 세우고 순절한 전몽성(현감)이 있다. 이를 보면 전봉준 가문은 대대로 무로써 많은 공을 세운 가문이었다.

신도信) 이후에는 관직을 지낸 인물이 없었다. 이로 미루어 보아 조선 후기에 들어서면서 집안형편이 어려웠던 것으로 보인다.[7]

아버지는 고부군 향교의 장의掌議를 지낸 창혁彰爀이었다. 전창혁은 의협심이 강했다. 일개 범부에 지나지 않았던 전봉준에게 가장 큰 영향을 끼친 것은 아버지 전창혁이었다. 전창혁은 고창 당촌에서 서당 훈장을 지낸 소위 '의식 있는 농촌 지식인'으로 볼 수 있다.[8] 그는 거주지를 옮겨 다니면서도 전봉준에게 서당교육만은 시켰다. 그가 한때 거주했던 태인泰仁 감산면(현 정읍 감곡면) 항새마을에서도 전봉준을 서당에 보냈다. 전창혁은 후일 고부군수 조병갑趙秉甲의 탐오한 행위에 격분하여 폭동을 일으켰다가 잡혀 모진 곤장을 맞고 한 달 만에 죽음을 당했다.[9] 전봉준은 이런 아버지의 저항적 기질을 당연히 물려받았을 것이다. 뒷날 전봉준이 혁명의 큰 뜻을 가슴속에 품게 된 것도 아버지의 영향을 무시할 수 없었다.

전봉준은 백의한사白衣寒士였다. 앞서 보았듯이, 그의 집안에는 가까운 선조대에 관직에 나간 사람이 없었다. 또 경제적

---

7 송정수, "전봉준 장군 가계에 대한 검토," 『호남사회연구』 2, 1995, 254-261쪽.

8 이이화, 『발굴 동학농민전쟁 인물열전』, 한겨레신문사, 1994, 260쪽. 전 고창문화원장 이기화의 증언(조광환, "전봉준의 생애연구-고부봉기 이전의 행적을 중심으로-," 원광대 석사논문, 2000, 12쪽).

9 백성들의 소송대표가 되어 군수에게 항소하다가 붙잡혀 죽었다고도 한다.

으로도 상당히 어려움을 겪던 한미한 양반층에 해당하였다. 이처럼 전봉준과 같은 이들을 흔히 "한유寒儒·빈사貧士"라고 불렀다.[10] 안정된 생업이 없었다. 어릴 적 집안이 그다지 부유하지 못했기 때문에 약을 팔아 생계를 유지했으며 그 와중에 방술方術도 배웠다.

18세 무렵, 태인 산외면 동곡리東谷里 지금실知琴谷로 이주했다. 이 때 전봉준은 다섯 식솔을 이끈 가장이었다. 그는 소농小農과 훈장일을 겸하고 있었다. 세마지기(三斗落)의 전답을 경작하는가 하면, 훈장일도 보며 동네 어린이들에게 글을 가르쳐 주기도 했다. 소위 '태인 동골의 백의한사'였다. 그러나 가슴에 품은 뜻만은 크고 웅대하였다. 항상 '크게 되지 않으면 차라리 멸족滅族되는 것만 못하다'고 생각하였다.

가슴에 품은 뜻

전봉준은 아버지의 영향으로 여섯 살 때(1859년) 벌써 서당에 들어가 글공부를 하였다. 열세 살 때에는 다음과 같은 '백구시白鷗詩'를 지어 사람들을 놀라게 했을 정도였다.

모래불을 고향삼아 마음껏 노닐고

---

10 이들은 19세기 이후 현실에 강한 불만을 품고 그 일부는 『정감록』 등을 이용하여 '변란'을 도 무하기도 하고, 다른 일부는 19세기 이후 빈발하던 '민요民擾'의 지도자가 되기도 했다. 배항섭, "19세기 후반 '변란'의 추이와 성격", 『1894년 농민전쟁연구 2』, 역사비평사 참조.

눈같이 흰 나래 가는 다리로 맑은 가을날 홀로 섰구나

부슬부슬 찬비 속에 홀로 꿈꾸고

때때로 고기잡이 가고나면 언덕에 노니네

많고 많은 물가의 바위 낯설지 아니하고

얼마나 많은 풍상을 겪었던지 머리도 희었구나

마시고 쪼는 것이 쉴 새 없으나 분수를 아노니

강호의 고기떼들아 너무 근심치 말지어다

自在沙鄕得意遊

雪翔瘦脚獨淸秋

蕭蕭寒雨來時夢

往往漁人去後邱

許多水石非生面

閱幾風霜已白頭

飮啄雖煩無過分

江湖魚族莫深愁

　열 세살에 범상치 않은 글이다. 이렇듯 전봉준은 어릴 적부터 뛰어난 문재文才를 보여주었다. 이러한 재능이 후일 창의문 등을 짓는데 유감없이 발휘되었다. 때문에 혁명의 와중에서 쓴 그의 글은 때로는 백성의 가슴을 후벼파며 사람을 모으고 때로는 적의 간담을 서늘하게 했던 것이다.

　조선을 비롯한 동양 각국이 서양 제국주의 열강의 폭압에 침몰당해 갈 무렵, 신교 또한 권위를 잃고 그 명맥이 희미해지거늘 하늘에서 동방의 이 땅에 이름 없는 한 구도자를 불러 세워 신교의 도맥을 계승하게 하고 후천 개벽後天開闢으로 새 세상이 열릴 것을 선언토록 하셨나니 그가 곧 동학東學의 교조 수운水雲 최제우崔濟愚 대신사大神師니라.(『도전』 1:8:3-5)

전봉준이 서당에 들어갈 무렵, 동방 땅 조선에는 최수운이 동학東學의 창도를 알렸다. 가슴에 큰 뜻을 품은 전봉준이 후일 운명적인 만남을 하게 되는 동학이 창시된 것이다. 그러나 전봉준은 최수운으로부터 직접적인 가르침을 받지 못했다. 동학이 개창된 지 4년여 만에 안타깝게도 최수운은 '혹세무민惑世誣民'과 '좌도난정左道亂正'의 혐의를 받고 형장의 이슬로 사라졌던 것이다. 전봉준도 백성들의 원과 한을 지켜보며 이런 소문으로 듣고 있었을 터이다.

용담정에 세워진
최수운 대신사의 동상.

수운이 아버지께 가는 생명의 길을 동방의 땅에 닦아 놓고 '인간으로 강세하시는 아버지 천주님'을 모시는 시천주侍天主 시대를 선언하였나니 이는 온 인류에게 후천 개벽세계를 여시는 아버지의 대도, 곧 무극대도無極大道가 조선 땅에서 나올 것을 선포함이니라. 그가 비록

상제님의 천명은 다 이루지 못하였으나 5년 동안 천주님의 동방 땅 조선 강세와 후천개벽으로 열리는 새 생명세계를 천하에 알렸나니 그 장엄한 인류구원의 외침은 바로 이러하니라.(『도전』1:8:21-23)

동학 가르침의 핵심은 무엇이었던가? 최수운은 상제로부터 천명과 신교를 내려받았다. 그리고 수운은 '시천주侍天主'와 '3년 괴질운수' 그리고 '다시개벽'의 가르침을 받았다. 상제를 모셔라(侍天主)! 동학의 시천주 신앙은 농민대중 속으로 급속히 퍼져나갔다. 조직도 자체적으로 체계화시켜 나갔다. 동학은 지역별로 '포'를 두고 포의 관리자인 접주들이 교도들을 관리하였다. 1884년 육임제도가 본격적으로 꾸려졌다. 1880년대 말에는 수십 만 명의 동학교도들이 활동하였다.

그들은 점차 조선의 거의 모든 지역으로 활동영역을 확대시켜 나갔다.[11] 1870년대에 동학교문의 체제정비가 순조롭게 이루어지자, 동학은 1880년대부터 그동안 포교활동의 근거지였던 강원도 영서지방과 충청 동북부 지방을 벗어났다. 충청도와 전라도의 평야지방으로 포교활동을 넓혔던 것이다. 그 결과 1860-70년대에 경상도와 강원도 중심이던 교세가 1880년대 후반에는 충청도 중심, 그리고 1890년대 초반에는 전라도

---

11 동학조직이 본격적으로 형성된 것은 1884(갑신)년 해월 최시형이 6임제도를 둔 때 부터였다. 『천도교교회사초고』, 포덕 25년 ; 한국역사연구회, 『1894년 농민전쟁연구 5』, 역사비평사, 1997, 161쪽.

지방으로 확대되었다.

충청도의 경우는 서장옥徐璋玉이 1883년경 입교하여 1880
년대 후반부터 지도자로 부상하면서 교세가 크게 확장되기 시
작하였다. 무장의 손화중, 금구의 김덕명, 태인의 김개남이 입
교했다. 1892년에는 고부의 전봉준도 입교했다.[12]

동학과의 만남

전봉준은 당시 38세였다. '제세濟世의 뜻(志)'를 품고 때를 기
다리던 전봉준이 마침내 동학에 입교한 것이다.『전봉준공초供
招』에 보면, 이 일에 대해 전봉준은 다음과 같이 답하였다.

> 문 : 동학에 언제부터 관계했는가?
> 답 : 3년 전부터
> 문 : 어떠한 것에 감동해서?
> 답 : '보국안민'이라는 동학당의 주의에 감동하고 있던 바, 동학
> 인 김치도라는 자가 나에게 동학의 문건을 보여준 적이 있다.

---

12 동학에 입교한 시기에 대해서는 여러 설이 있다. 오지영은 1888년이라 하
고, 김상기는 1890년, 이돈화는 1885년, 전봉준 자신은 1892년이라 하였
다. 미나미 소좌의 심문기록을 근거로 하면 1892년이 맞게 된다. 그에게 입
교를 권유한 김치도는 정읍시 정우면淨雨面 수금리水金里 좌두左斗 출생
으로 갑오년 활동에 대해서는 그다지 알려진 바가 없다. 다만 그가 동학혁
명 때 목숨을 건져 1899년 기해정읍己亥井邑농민봉기(속칭 영학당英學
黨 사건) 당시 다시 봉기를 일으켰다가 고부에서 피체被逮되었다는 기록과
1909년 항일의병으로 활동하다 피체되어 3년 옥고를 치렀다는 사실만 확
인 할 수 있다(최현식, 앞의 책, 225쪽).

【서장옥】

서장옥徐璋玉(1851~1900)은 남접의 대부로 원평 집회 등을 주도한 지도자였다. 그는 동학혁명사에 서인주나 서일해로 이름을 바꿔가며 출몰하는 신비의 인물로, 그에 대한 자세한 내력은 장막에 가려져 있다. 서장옥은 1883년경 동학에 입교하여 1880년대 후반부터 지도자로 부상하면서 충청도 일대에 교세가 크게 확장되기 시작하였다. 그는 전라도의 손화중, 김개남, 김덕명, 전봉준을 제자로 거느리고 '남접' 이라는 세력을 구축했다. 황현은 『오하기문』에서 이렇게 기록하였다. "처음 동학에서는 그 무리를 '포'라고 불렀는데 법포와 서포가 있었다. 법포는 최시형을 받드는데 법헌이라는 최시형의 호에서 이름을 따왔다. 서포는 서장옥을 받든다. 서장옥은 수원 사람으로 최시형과 함께 교조 최제우를 따라 배웠다. 최제우가 죽자 각기 도당을 세워 서로 전수하면서 이를 '포덕'이라 이름하였다. 이들은(동학이 궐기할 때) 서포가 먼저 일어나고 법포가 뒤에 일어나기로 약속하였기 때문에 서포는 또 기포라 이름하고 법포는 또 좌포라 불렀다. 전봉준이 주동하여 일어날 적에는 모두 서포였다." 동학혁명이 끝난 직후에도 서장옥은 잡히지 않다가 1900년에 체포되어 동지 손사문과 함께 재판을 받고 교수형에 처해졌다.

그 중에 '경천수심'이라는 문장이 있는데, '대체정심'이라고 하는 것에 감동해서 입당했다.

문 : '정심한다'는 것은 동학당에 한한 것이 아니다. 무엇인가 달리 너의 입당을 재촉한 이유가 없는가?

답 : 단지 마음을 바로 한다는 것 뿐이라면 물론 동학당에 들어갈 필요가 없지만, 동학당의 소위 '경천수심'이라는 주의에서 생각할 때는 정심 외에 '협동일치'의 뜻을 포함하고 있기 때문에 결당하는 것의 중요함을 본다. 마음을 바로한 자의 일치는 간악한 관리를 없애고 보국안민의 업을 이룰 수 있기 때문이라고 생각한 탓이다.

일본취조관의 질문에 전봉준은 평상시 '보국안민輔國安民'의 생각을 지니고 있었다고 답했다.[13] 그러던 중 1892년 김치도金致道로부터 동학 문건을 건네 받고 '경천수심敬天守心'과 '정심正心'이라는 내용에 감동해서 입교했다고 밝혔다.

뿐만 아니라 동학에 입교한 주목적이 종교적 입장보다는 '결당結黨'의 유용성에 있었음도 밝혔다. 가슴에 품은 뜻, 곧 탐관오리를 축출하고 보국안민의 대업을 실현하기 위해서는 '협동일치'가 필요했기 때문이다.

혁명이란 깊은 한恨을 안고 일어나는 역사의 대지진인즉, 동방

---

13 2월 18일 경성, 아오야마 발, 1895년 3월 6일자 『동경조일신문』 '동하당 대두목의 후속심문'.

조선 민중의 만고의 원한이 불거져 터져 나온 동학혁명으로부터 천하의 대란이 동하게 되니라.(『도전』 1:43:9)

동학을 통한 사회혁명!

전봉준이 어릴 적부터 흉중에 품었던 뜻을 이룰 수 있는 터전을 찾았다. 그리고 2년 후, 전봉준은 동학교도와 농민을 결집시킴으로써 동학운동을 지도해나갈 수 있었던 것이다.[14]

1880년대 초반 동학의 교세가 급격히 신장되자, 정부는 동학을 가혹하게 박해하였다. 1884년부터 박해가 시작되었지만, 그 중에서도 더욱 심했던 해는 1889년과 1890년 그리고 1892년이었다. 때문에 당시 동학교도들에게 절실한 문제는 관리의 탄압과 침탈에서 벗어나는 일이었다. 동학이 사도邪道로 계속 금지된다면 교도들의 활동을 크게 위축될 수 밖에 없

---

14 전봉준은 동학의 교리가 '혹호酷好'하다고 했으나 그 포덕에는 종사치 않았다(『전봉준공초』). 그는 흔히 고부접주로 활동한 것으로 알려졌으나 1차 사료에서는 확인할 수 없다. 때문에 전봉준이 동학교도가 아니었다는 주장(신복룡)부터 동학을 신앙하기는 했지만 투쟁의식과는 무관하다는 견해들도 있다(장영민, "동학농민운동연구", 한국정신문화연구원 박사논문, 1994, 39쪽). 독립변수는 '동학'이 아니라 조선조 지속된 '민란'이며 동학은 하나의 종속변수에 지나지 않는다는 주장이다. 전봉준은 종교적 체험, 귀의, 기도와 헌신, 예배가 없었고(폴 존슨) '공초'에서도 "나는 훈도로서 어린 소년들과 관계했을 뿐 동학의 의식을 행하고 가르친 바 없다"는 기록에 근거한 것이다. 그러나 '분명한 사실은 그가 동학을 신앙하였고 나름대로 현실적 목적을 가지고 투쟁을 지도하였다는 점'이다(동학혁명과 동학의 관계에 대해서는 장영민, 박사논문, 44-50쪽 참조 ; 한국정치외교사학회, 『갑오동학농민혁명의 쟁점』, 집문당, 1994 참조).

었다. 따라서 신앙의 자유를 얻기 위해 동원할 수 있는 방법은 신원운동과 복합상소였던 것이다.

이러한 이유로, 당시 동학교도들은 교조 최수운의 신원운동 伸寃運動을 전개해 나갔다. 더욱이 1890년대 초반에 동학교도가 급증하고 조직력이 강화되면서, 교조신원운동도 한층 힘을 받고 있었다. 이제 동학에 갓 입교한 전봉준도 이러한 신원운동에 적극적으로 가담하였다. 전봉준이 동학에 든 1892년은 임진년이었다. 1592년 임진왜란의 기억이 떠 오른 해였다. 그래서 그런가. 임진란과 같은 병화兵禍가 일어나 조선왕조가 멸망한다는 참언이 나도는 등 사회가 불안했다.[15]

후일 독립운동의 대들보가 된 김구도 이 해(1892)에 동학에 입도하였다. 『백범일지』에는 당시 사회상과 김구가 동학에 관계하게 된 상황을 이렇게 적었다.

> "이때에 사방에는 여러 가지 괴질이 돌았다. 어디서는 진인이 나타나서 바다에 달리는 화륜선(汽船)을 못 가게 딱 잡아놓고 세금을 받고야 놓아주었다는 등, 머지 아니하여 계룡산에 정도령이 도읍을 할 터이니 바른 목에 가 있어야 새 나라에 양반이 된다 하여 세간을 팔아가지고 아무개가 계룡산으로 이사를 하였다는 등, 이러한 소리였다.

---

15 김구, 『백범일지』, 1947, 27쪽 ; 강만길 편, 『명치관보발췌 주조선일본국영사관 보고』, 1892.8.22, 신서원, 1988, 342쪽.

【신원운동】

동학의 창시자 최제우가 처형된 뒤 그 억울함을 벗고 동학신앙의 자유를 얻으려고 동학교단 측에서 벌인 운동이었다. 1892년 10월 공주집회, 11월 삼례집회를 열었다. 1893년 2월 11일, 40여 명이 광화문 앞에서 사흘을 낮밤 없이 곡을 하였다.

1893년 3월 11일부터 보은집회가 열려 전국 각지에서 2만여 명이 모였는데 이들은 단순히 교도만은 아니었다. 이날 보은 삼문三門 밖에는 관가에 보내는 통고문을 붙였는데 그 내용은 일본의 침략을 경계하라는 것이었다. 이들은 깃발을 통해 '척왜양창의斥倭洋倡義'를 표방하여 단순한 교조신원운동 차원을 넘어섰다. 그들은 3월 26일 어윤중에게 등장等狀을 올려 자기들의 본 뜻은 척왜척양斥倭斥洋인데 마치 비류非類처럼 취급한다고 항의하였다.

그 밖에도 같은 무렵에 금구 원평과 경상도 밀양에서도 집회가 열렸다. 전라도 금구 원평에서는 전봉준이 중심이 되어 동학도 1만여 명이 집회를 열었다. 경상도 밀양에서도 집회가 열렸는데, 참석자는 "소매 없는 푸른 두루마기에다 소매 끝은 붉은 색으로 장식했다"고 하여 상당히 조직성을 띤 것을 알 수 있다.

그런데 우리 동네에서 남쪽으로 20리쯤 가서 갯골이란 곳에 사는 오응선吳膺善과 그 이웃 동네에 사는 최유현崔琉鉉이라는 사람이 충청도 최도명崔道明이라는 동학 선생에게서 도를 받아가지고 공부를 하고 있는데 방에 들고 나기에 문을 열지 아니하며, 문득 있다가 문득 없어지며, 능히 공중으로 걸어다니므로 충청도 그 선생 최도명한테 밤 동안 다녀온다고 하였다. 나는 이 동학이라는 것에 호기심이 생겨서 이 사람들을 찾아 보기로 결심하였다."

최수운의 신원운동

이렇듯 사회가 불안하고 동학이 서서히 포교망을 넓혀가면서, 이 해에 동학교조 최제우의 신원운동도 시작되었다. 교도의 급증과 교세의 확장, 그리고 교단적 기구의 확립과 유력 지도자의 부상 등이 이러한 신원운동을 전개하는데 강력한 원동력을 제공하고 있었다. 동학교도들에게 최제우의 신원은 그 자체로서만 의미를 지닌 것이 아니라 새로운 세계를 실현할 수 있는 결정적 기회로 생각되었던 것이다. 소위 '천운天運'을 돌려 새로운 세계로 들어가려는 바탕돌이었다. 이처럼 1890년대 초반, 동학의 발전사에 획을 긋는 중요한 시점에 전봉준도 동학에 들어왔던 것이다.

1892년 11월, 동학교도들은 삼례에서 집회를 열었다. 전봉준이 이 집회에 참여했는지 여부에 대해서는 논란이 있다. 하지만 당시 남원의 접주였던 최병헌은 『남원군 동학사』(1923)[16]에서 전봉준이 삼례집회에 참여하여 전라관찰사에게 소장訴狀을 제출하는 등 활동을 했고 이어 각지에 방문을 붙였다고 기록하였다. 그 소장의 내용은 교조의 신원과 관리들의 교도탄압 중지 그리고 척왜양斥倭洋이었다. 전봉준이 이 때부터 직접적인 행동을 보이며 전면에 부각되었던 것이다. 뿐만 아니라 동학조직과 농민이 대다수였던 동학교도들도 이 집회를 통해 급속히 결속하였고, 전봉준 외의 소장 지도자들도 대거 등장하였다. 그들은 곧이어 1893년 2월 열린 광화문 복합상소伏閤上疏에도 참여했다. 그러나 동학교문 상층지도부에서 주도한 이 상소가 큰 성과 없이 끝나자, 전봉준은 한계를 절감하고 동료였던 김덕명, 김개남, 최경선 등과 보다 강력한 대안을 모색하기에 이르렀다.

광화문의 옛모습(1894), 여기서 복합상소가 있었다.

동학교문에서는 1893년 3월(10~30일)에 보은報恩에서 집회를 열었다. 수만 명의 동학교도들이 보은으로 모여들었다. 그

---

16 현재 남원 김홍기씨 소장. 『1894년 농민전쟁연구 5』, 163쪽.

들은 여기서 보국안민을 주창하며 척왜척양斥倭斥洋과 창의倡義의 기치를 세웠다. 그리고 이 때 전라도 금구군金溝郡 원평院坪에서도 집회가 있었다. 소위 '금구취회金溝聚會'였다. 원평은 전봉준의 성장지였고 훗날 동학혁명의 집강소 시기에 전라우도의 중심부 역할을 했던 중요한 지역이다. 원평 집회에는 전라도 지역의 동학 지도자들과 함께 전봉준도 당연히 참석했다.

원평집회에서는 보국안민과 척왜양의 기치가 내걸렸다. 이 집회는 손화중 전봉준 등이 중심이 된 독자적 집회였으며, 전봉준은 이름을 감춰 전가全哥라 하거나 김봉집金鳳集이라는 가명을 사용하여 집회를 주도하였다.[17] 이제 호남지역의

동학 농민군이 모여 들었던 원평장터. 원평은 동학혁명군 이동의 중심 길목이었다.

17 금구 원평집회는 전봉준과 서장옥 등 남접들이 주도하여 후에 남접으로 불렸던 동학의 지도자들이 동학의 중앙 지도부와는 별도의 집회를 개최하였다는 사실이 중요하다고도 한다. 이 금구 원평집회의 성격에 대한 논란도 있다. 조경달 등은 이 집회가 강한 정치성을 띠고 동학혁명과 직접적으로 연결된다고 보는데 비해, 김의환은 의문을 제기한다. 곧 보은집회에 동학교도를 보내기 위한 것이었으며 그 결과 손화중 김덕명 김개남 등 주요 지도자들이 대접주로 동학교도를 이끌고 보은집회에 참가하였다는 점을 들고 있다. 금구집회는 보은집회가 보다 강력한 정치집회로 전환·지속되는 원동

동학교도들에게 전봉준이 서서히 이념적인 지도인물로 떠오르기 시작했던 것이다. 또한 각종 집회를 통해 지도력을 강화하고 일반 민중을 동학의 기치아래 결집시킴으로써, 곧 있을 동학혁명의 기반을 다져 나갔다. 세상을 건지려는 뜻을 흉중胸中에 품고 동학에 입도한 이유가 이루어지는 순간이었다.

개벽의 희망

동학이 알려준 '새로운 세상의 도래'와 '개벽開闢의 희망'도 당시 일반 민중들에게 매력적이었다. 천개지벽天開地闢, 곧 하늘이 열리고 땅이 열린다! 이렇게 열릴 새로운 세상은 현실을 개혁하려는 진보적 지식인들의 마음을 끌기에도 충분했다. 당시 조선사회는 수많은 사회모순으로 인한 질곡桎梏과 절망 그 자체였다. 어느 것 하나 희망이 보이지 않았고, 사회의 어느 한 부분도 제대로 돌아가는 것이 없었다. 이런 때 새로운 세상이 열린다는 개벽사상은 분명 희망의 불꽃이었다.[18] 그러나 동학은 이러한 새로운 세상을 어떻게 만들 것인지에 대해 구

력의 구실을 하였는데 여기서 일반민중과 결합함으로써 동학농민운동으로 전개되게 된다(박맹수, "최시형의 종교사적 위치", 『한국종교사연구』 5집, 109-110쪽).

18 많은 불만세력들의 활동무대를 마련해 주고 있었다. 진보적 지식인들과 불만세력들은 혹은 종교적 입장에서 혹은 사회변혁을 목적으로 동학조직에 참여하거나 이를 적극 이용했다. 최제우는 이들을 일러 동학에 "탁명하여 불미지사를 달게 듣고 모아내는 자"(흥비가) 또는 "일사위법하는 사람"(교훈가) "난도난법하는 사람"(도수가)이라 경계하였다.

체적이고 현실적 계책을 가지지 못했다.[19] 때문에
전봉준이 해야 할 일은 막중했다.

전봉준은 집회를 통해 지도력을 키우며 민중들을 결집시키는 한편, 조선왕조의 대원군과도 심중을 나누고 있었다. 『천도교창건사』는 다음과 같은 일화를 전하고 있다.

"전봉준이 갑오년 기병하기 3년 전에 서울에 올라 대원군 문하에 출입하였다. 끝내 아무 구함이 없어 대원군이 이상하게 생각하고 '세상이 다 벼슬을 구하여 나의 문하 문객이 되어 있거늘 그대는 3년이 지나도록 아무 소망을 말하지 않으니 그 뜻이 어디에 있는가'라고 묻자 전봉준은 '벼슬에 뜻이 없습니다'라고 대답하고 돌아왔는데, 이 때 대원군이 실의하고 있음을 보고 전봉준이 대원군을 달래어 정부개혁의 계책을 밀약하고 돌아와 난을 일으켰다."

대원군의 모습(1894).

소위 대원군과 전봉준의 사전 밀약설이다.[20] 사실 여부가 어떻든 간에 전봉준이 뜻한 바를 이루기 위해 동분서주하였음을 보여주는 일화이다.

---

19 『1894년 농민전쟁연구 5』, 192쪽.
20 이돈화 편, 『천도교창건사』, 1933, 57-58쪽.

그런 가운데 조선사회의 불안과 혼란은 더욱 극심해졌고, 농민들의 원성도 높아만 갔다. 사실 19세기 후반기 들어 기근과 전염병이 줄곧 한반도를 강타했고, 특히 삼남지방의 피해가 혹독한 편이었다. 흉년만 해도 1860년 경신흉년 이후 1876년 굳게 닫혔던 조선의 문을 열 때에도 가뭄과 흉년이 계속되었고, 1882, 1885, 1888, 1892년에도 흉년의 연속이었다. 어느 한 해 마음 편한 적이 없었다. 1894년에 진주에서 봉기한 동학농민군의 격문에도 "14, 5년 간의 흉년을 거친 뒤 또 77일간의 대가뭄을 만났습니다. 그런 가운데도 온갖 폐단이 발생하고 있으니, 아 우리 백성들이여! 어찌 살아갈 수 있을 것인가"하고 한탄하였다.

연속된 흉년은 사회적 모순을 심화시키고 민중의 분노를 폭발시키는 뇌관이 되었던 것이다. 풍년이 들었던 1890년과 다음 해 발생한 민란은 4건 밖에 되지 않은 반면, 1888, 89년에는 11건, 그리고 1892년 한 해 동안에 무려 12건이나 되었기 때문이다. 1893년 여름에도 누구나 흉작을 예상하였다. 정부는 10월 하순부터 방곡령을 실시하기로 결정하였다. 쌀 값도 벌써 두 배나 올라 버렸다. 미국대리공사 알렌은 이러한 고통이 쌀을 수출하는 외국인 때문이라고 하였다. 알렌은 '의심할 것도 없이' 이 해 겨울에 커다란 말썽이 발생할 것이라고 예견하였다. 조선 사정에 아주 정통한 부산주재 일본 총영사 역

시 조선 전역이 전반적인 기근상태라고 보고하였다.[21]

고부군수 조병갑의 탐학

전봉준이 살았던 고부군도 예외가 아니었다. 흉작으로 인한 기근은 백성들의 생존을 위협했다. 설상가상으로 백성들을 어루만져야 할 봉건적 관료들이 오히려 과중한 징세로 고통을 가중시키고 있었다. 재해의 피해를 입은 토지에 조세를 부과하는 것은 백지징세白地徵稅와 다름 없었다. 뿐만 아니었다. 1893년에 고부군수로 부임한 조병갑趙

전북 정읍시 이평면 하송리에 위치한 만석보 유지비. 고부민란의 직접적 동기가 된 곳이다.

21 『주한일본공사관기록』 2, 86-7쪽.

秉甲(1844~1911)이 다시 쌓은 만석보萬石洑는 이 지역 배들평 일대에 물을 대고 있었다. 그러나 이 해는 가뭄으로 수확을 제대로 하지 못했음에도 불구하고 물세(水稅)는 오히려 과중했다. 만석보는 주민들의 노동력을 강제 동원하여 쌓은 것인데도 말이다. 불공정하고 과중한 징세와 만석보의 물세는 백성들의 원성의 대상이었다. 조병갑의 가렴주구에 백성들은 견딜 수 없었다. 이 해가 저물어갈 때, 전봉준은 인근의 농민들과 함께 고부관아를 찾아 감면減免을 진정했다. 11월에는 농민 40여 명과 더불어 조병갑에게 불법행위를 시정하라 요구(呈訴)하였고, 다시 12월에도 농민 60여 명과 함께 고부관아를 찾았다. 당연한 일이었지만 결과는 신통치 않았다. 항의문을 제출하지도 못하고 쫓겨나기도 했다. 돌아온 건 혹독한 탄압이었다. 용인할 수 없는 조병갑의 탐학이었다.

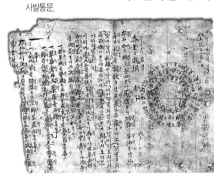

사발통문.

그럴수록 전봉준은 실망하지 않았다. 그의 뛰어나 통솔력과 인품도 여러 사람들로부터 인정을 받고 있었다. 그는 봉건적 학정을 반대하면서 착실히 거사를 준비해 나갔다. 이런 사실을 볼 수 있는 것이 '사발통문'이었다. 1893년 11월로 날자가 기록된 사발통문에는 전봉준, 송대화, 최경선 등 20명이 서명을 하고 결의를 다짐했다. 그리고 백성들은 곳곳에 모여 "났네 났어, 난리가 났어. 에이 참, 잘 되었지. 그냥 이대로 지내서야 백성이 한 사람이나 어디 남아 있겠나" 하며 기회를 기다렸다.[22] 자고로 역사는 한 인물의 손길에 의해 좌우되어 왔다. 1893년 한 해가 서서히 저물어가면서, 전봉준이 흉중에 품은 뜻도 점점 강렬해지기 시작했다.

전봉준은 또 증산상제와도 만나 거사를 의논하였다.

증산께서 명숙과 나이 차이는 많이 나나 일찍부터 교분이 있으시더니 갑오년에 하루는 명숙이 찾아와 말하기를 "내가 민생을 위해서 한번 거사를 하려 하니 그대가 나를 도와 주시오." 하거늘 증산께서 그 전도가 이롭지 못함을 미리 아시고 "때가 아니니 나서지 말라." 하시며 "성사도 안 되고 애매한 백성만 많이 죽을 것이라." 하고 경계하시니라. 이에 명숙이 대하여 말

---

[22] 이때 동학교도들은 선후책을 토의결정하기 위하여 고부 서부 죽산리 송두호 집에 도소를 정하고 매일 모여 행동방향을 결정하였다. 토의 결정된 내용을 보면 첫째로, 고부성을 격파하고 군수 조병갑을 효수하며 둘째로, 군기창과 화약고를 점령하며 셋째로, 군수에게 아첨하며 백성을 침탈한 탐욕스런 아전들을 징계하며 전주영을 함락하고 수도로 곧바로 진격한다는 것이었다. 마지막에 군사적 재능이 있는 영도자를 추천한다고 되어있다. 사발통문 내용을 신뢰힌디면, 이 단계에서 이미 고부봉기를 출발점으로 전주성을 거쳐 서울로 간다고 계획을 세워놓고 있었다. 그렇다면 진봉 준은 단순히 동학교도라기 보다 변혁지향적 성격을 갖고 있는 것이다.

하기를 "그대가 안 된다면 나 혼자라도 하겠소." 하고 물러가 니라. (『도전』 1:43:4-8)

그러나 증산상제는 전봉준의 거사를 염려하여 만류하였다. 많은 인명이 살상될 것이고 전봉준의 뜻도 이루어질 수 없을 것이라 보았기 때문이었다. 그러나 전봉준은 뜻을 꺾지 않았다.

2장. 마침내 터진 함성, 배들평 말목장터의 봉기

징이 울리고

마을 어른들은 사랑방에 모였다

빼앗긴 토지를 어떻게 찾을 것인가

그들은 등잔불을 둘러싸고 앉아

머리를 맞대고 궁리에 궁리를 거듭했다.

첫닭이 울고 먼 데서 개짖는 소리가 들릴 때까지

"입이 여럿이면 무쇠도 녹인다 했으니

웃녘 사람 아랫녘 사람 불러 모아 노래 지어 부르고

우리 모두 손에 연장 들고 쳐들어 갑시다."

이것이 그들이 내린 새벽의 결의였다.[23]

---

23 김남주, 「옛 사람들은」 『조국은 하나다』, 남풍, 1988, 168쪽.

갑오년(1894) 새아침이 밝았다. 그러나 찬란한 여명의 해가 아니었다. 새해 벽두에도 삼남의 농촌에는 더욱 무겁고 어두운 기운이 감돌았다. 농민들의 원성도 날로 높아갔다. 이런 와중에 농민봉기의 불씨가 된 것은 고부군수 조병갑의 탐학이었다.

> 개벽의 새 시대를 알린 이 혁명은 갑오년 정월과 3월, 9월 세 차례에 걸쳐 일어나니라.(『도전』1:43:11)

탐관오리 조병갑! 조병갑은 태인군수를 지낸 조규순趙奎淳의 서자이며, 영의정 조두순趙斗淳의 서조카(서질庶姪)였다. 그의 가렴주구는 조선후기 봉건관료들의 대표적인 학정虐政 사례가 되었다. 그는 1892년 고부군수로 부임한 이래 농민들로부터 여러가지 명목으로 과중한 세금과 재물을 빼앗는 등 탐학과 비행을 자행하였다. 가뭄(한재旱災)이 들어도 면세해주기는 커녕 도리어 국세의 3배나 징수했고, 부농富農이라 생각되면 잡아다 불효·음행·잡기·불목不睦 등의 죄명을 씌워 재물을 약탈한 것이다. 그 중에서도 특히 만석보萬石洑의 개수에 따른 탐학은 큰 물의를 일으켰다.

이러한 만석보의 부당한 물세징수가 민란의 직접적인 도화선이 된 것은 틀림없다. 동학농민군이 전쟁을 일으킨 원인에 대해 대원군은 "난도亂徒는 지방관의 가렴강징苛斂强徵에 기인한 것이다. 전라감사 김문현은 광주유수廣州留守로 있을 때 20

만 량을 바치고 전임한 자이므로 얼마나 가렴중세苛斂重稅 했는가를 짐작할 수 있다. 이같은 원인에 의하여 민요民擾가 발발한 일이 전라, 충청도에 가장 많다."[24] "감사와 수령의 탐학과 토호, 강족强族의 무단武斷 및 간활奸猾한 이서吏胥의 침삭侵削이 증가하여 끝도 없으니" 또는 "금번 백성들의 소요는 동학당이 아니라 백성들이 지방관의 폭정으로 고통을 당하여 견딜 수 없었기 때문에 봉기한 것으로 ····· 경성에서도 봉기할 것이다. ····· 민씨 무리는 발 뼈까지도 남지 못할 것이다."라고 하였다.[25] 민씨 척족세력의 탐학과 지방관의 가렴강징과 같은 폭정으로 말미암은 것이라고 생각하였다.

또 김가진과 유길준도 농민봉기의 원인에 대해서 비슷한 입장이었다. "전라지방민이 폭동을 일으켜 이 지경에 이르게 된 것은 본래 지방관리들의 탐욕과 학정에 기인한 것이며 그 지방관을 잘못 선택한 책임은 민씨일문閔氏一門에 돌아가기 때문이다."[26] 대원군처럼 민씨 일족과 지방관에게 책임을 돌리고 있었다.

전봉준은 1차 공초에서 기포起包의 이유로 수령의 탐학을 적시하였다. 그 구체적 내용은 "각 읍에서 사납私納이라 칭하

---

24 『주한일본공사관기록 1』, 2쪽. 1894.5.8. '杉村 임시 대리공사의 보고'.

25 『주한일본공사관기록 2』(국사편찬위원회 편, 1987), 44쪽. 1894.6.3. '巡査 渡邊鷹平 口頭陳述筆記'.

26 『주한일본공사관기록 1』, 268쪽.

여 결복結卜에 가렴加斂하고 횡징호역橫徵戶役하며 초요지민稍饒之民에게는 공연히 죄를 씌워서 전재錢財를 늑탈하며 전장田庄을 횡침橫侵"했고, "불효不孝, 불목不睦, 음행淫行 및 잡기雜技 등의 명목으로 죄를 씌우는 것"이었다. 결국 전봉준은 "고부 군수가 지나치게 거두어들인 것이 몇 만 냥이어서 백성들의 원한이 컸기 때문에 일을 일으켰다"고 했다. 때문에 당시 봉기한 사람들 중에는 "동학은 적고 원민寃民이 많았다."[27]

> 문 : 고부 기포시에 동학이 많았느냐 원민이 많았느냐.
> 답 : 기포시에 원민이 동학에 합하였은즉 동학은 적고(小) 원민은 많았다(多).

조병갑의 가렴주구로 고부 백성들의 원한은 폭발지경에 놓였다. 이러한 때, 정초부터 전봉준의 거처에 두세 명의 낯선 방문자들이 찾아들었다.[28] 전봉준은 동학교도이며 벗들인 정익서, 김도삼 등과 의논하며 결심을 굳혀갔다. 민폐를 바로잡는 의로운 기치를 들고 고부군청을 습격하기로 결정하였던 것이다. 그리고는 동학의 포, 접 조직망을 통하여 많은 동료들을

---

27 『전봉준공초』

28 송용호(송희옥의 손자)는 전봉준이 전주 구미리龜尾里에 살 때 대원군의 밀사 나성산羅星山이라는 사람이 전봉준을 찾아와 머물면서 전봉준 김개남 송희옥과 함께 구수회의를 하는 것을 목격하였다고 하면서 대원군과 밀약이 있었다고 주장하였다. 김상기, "동학과 동학란", 『동방사론총』, 1974, 661쪽 ; 『1894년 농민전쟁연구』, 220쪽.

규합해갔다. 당시 농민들의 연대를 실현하기 위하여 의지할 수 있는 길은 동학 조직망 뿐이라 생각했던 것이다.

말목장터의 아침

> 갑오년 정월에 고부 군수 조병갑趙秉甲의 악정과 토색질에 분
> 개한 농민들이 전명숙을 두령으로 하여 배들평의 말목장터에
> 서 봉기하니 고부 관아를 점령한 농민군은 억울하게 옥에 갇힌
> 사람들을 모두 풀어 주고 원성의 근원인 만석보萬石洑를 헐어
> 버리니라.(『도전』 1:44:1-2)

드디어 1894년 정월 10일 새벽![29]

첫 닭이 울자 때를 기다리고 있던 동학교도들[30]과 농민들이 흰 수건을 머리에 동여매고 괭이나 죽창을 들고 말목장터(마항시장)로 모여들었다. 전봉준은 그 전날 밤 태인 주산리에 사는 접주 최경선의 집에서 동학교도인 장정 300명을 모아, 그

---

29 고부관아 습격의 정확한 일자에 대해 논란이 있다.

30 동학교도들은 처음부터 민란에 참여하고 있었다. 장영민, 박사논문, 187
쪽 참조. 파계생巴溪生은 민란을 주도한 장두狀頭 3인(전명숙, 정익서, 김도
삼)이 모두 교도였으며, 『동학사』(오지영, 110-111쪽)도 태인 주산리 최경
선의 집에서 동학교도 300명을 모아 고부로 들어왔다고 했다. 또 고부민란
에 동학교도가 깊이 간여하였다는 사실을 강력하게 시사해 주는 자료로는
『全羅道古阜民擾日記』(파계생)도 있다. 일기의 앞머리에서 민란을 "동학당
의 소요騷擾"라 보아야 한다고 했다. 이용태도 민란참가자들의 성분을 "不
但本邑之民 所謂 東學黨不逞之流 繪巾商 無賴之輩"라고 분석하고 있다. 동
학교도들이 민란의 초기단계부터 소식석으로 움직였고 지도적 역할을 수
행하였다는 점이 확인된다.

밤에 30리나 되는 장터로 달려와 감나무 아래서 대기했다. 그는 총을 가진 부하들을 사방에 세워 망을 보도록 한 다음, 큰소리로 '어린아이, 여자, 노약자들은 물러가라!'고 명령을 내렸다. 이윽고 사람들 전면에 나선 전봉준은 조병갑의 불법탐학 행위를 낱낱이 밝혀나갔다. 그리고는 '백성들이 원망하는 고로 백성을 위해 기병하였다'고 자기의 기병동기를 비장한 각오로 밝혔다.

말목장터의 감나무. 지금은 동학 혁명기념관 안에 전시되어 있다.

먼동이 트고 징이 울렸다

마을 사람들은 모두 동구 밖에 모였다

쇠소랑과 팽이와 낫으로 무장한 대지의 자식들은

빼앗긴 토지를 찾아 원수를 찾아

둥 둥 둥 북소리와 함께 전진하기 시작했다

대오를 지어 의기도 양양하게

그들은 마을 앞을 가로 흐르는 살얼음의 내를 건넜다

그들은 보릿고개를 넘어 지게에 소작료를 짊어지고 끙끙 앓으며

넘고는 했던 넘어가고는 했던

원한어린 서낭당 고개를 넘었다

빼앗긴 토지를 찾아 원수를 찾아[31]

말목장터에 모인 1천여 명의

---

31 김남주, 「옛 사람들은」 『조국은 하나다』, 남풍, 1988, 168쪽.

농민들은 열렬한 박수와 함성으로 응답했다. 조병갑의 폭정에 억눌려 신음했던 만큼 전봉준의 호소는 가슴을 울렸고 각오도 비장할 수 밖에 없었다. 이제 그들은 전봉준을 필두로 한 7명 [32]을 중심으로 농민군으로 변한 것이었다. 들끓던 분노로 부릅 뜬 눈과 날카로운 징벌의 죽창을 움켜쥔 주먹. 그리고는 먼동이 터 올 때 동진강변의 찬바람속에 말없이 모여든 흰옷의 무리들이 움직이기 시작했다. 그들은 전봉준의 지시에 따라 두 길로 나누어 고부읍을 향하여 노도와 같이 진격해 들어갔다. '고부민란'의 시작이었다.[33] 가는 도중에 있는 대밭에서 많은

---

32 파계생巴溪生은 민란이 일어난 당일 전봉준을 필두로 한 7명의 수령이 있다고 적었고, 민군들이 말목장터로 옮겨간 17일에는 다시 13명의 정예를 뽑았다고 했다. 이 20명이 사발통문에 서명한 동학교도로 볼 수 있다. 파계생은 고부에서 20리 떨어진 곳에 머물렀다가 고부민란의 발생과 해산까지 전 과정을 보고 적은 메모를 일기형식으로 남겼다.

33 고부민란에 최시형이 전봉준을 '사문의 적'이라 하여 봉기에 반대하였다고 알려졌으나 잘못된 것으로 보인다. 최시형은 부안 대접주 김낙철의 동생 김낙봉으로부터 소식을 듣고 '시운이니 금지하기 어렵다' '백성들의 어려움을 건지는 것은 인仁이라'고 하여 불가피성을 인정하였다(박맹수, "최시형의 종교사적 위치", 『한국종교사연구』 5집, 111쪽). 동학혁명의 주체 혹은 주도층에 관한 연구들이 많다. 한우근(1983) 신용하(1993) 정진상(1992) 정창렬(1991) 등이 있으며, 박찬승(1985)은 '전라도의 동학조직을 장악한 전봉준 등'이라 지적했다(『1894년 농민전쟁연구』, 92쪽 참조). 전봉준의 고부관아 습격은 상당히 비밀스럽고 갑작스러웠다. 당시 민란의 일반적 형태를 보면 향촌주민들의 집회도 이루어지지 않은 상황에서 민군이 무장을 하고 새벽녘에 관아를 암습한 예는 없었다. 고부민란은 달랐다. 이 점도 다른 민란과 다른 특이한 점이다. 보통 향촌주민들을 모음으로써 시작되는 것이 전형적인 민란의 과정이다 폭동의 성과는 확대되어, 1월 14일 현재의 결과 민란에 가담한 면수面數는 15개, 인원은 1만여 명에 이르렀다. 이 때에 비

죽창을 만들어 더욱 기세를 올렸다. 사기충천한 농민군은 고부읍성을 3문으로 쳐들어갔다.

고부읍성은 손쉽게 점령됐다. 조병갑이 제보를 받고 전주로 도망쳐 버렸기 때문이었다. 관아습격이 끝났을 때도 아직 날이 채 밝지도 않았다. 고부읍을 점령한 농민군은 전봉준의 지시에 따라 감옥에 갇혀있던 억울한 백성들을 석방하고 무기고를 파괴하여 무장을 강화했다. 그리고 불법적으로 빼앗겼던 세곡稅穀을 농민들에게 돌려주었고, 백성들의 원망의 대상이 되어온 만석보도 파괴해버렸다. 아전을 모두 잡아 문초하여 농민을 괴롭혔던 오리배汚吏輩도 체포하였다.

고부관아터. 지금은 고부초등학교가 들어서 있다.

로소 민란의 모습을 갖추게 된 것이다.

전봉준은 관아와 읍내를 점령한 이후 조직을 정비하기 시작했다. 고부읍 안팎에 군영을 설치하고 향촌주민들을 민군으로 조직하였다. 이렇게 조직된 농민군의 '진영은 정숙하고 호령이 명백하여 다른 민란의 모습과는 달랐다.' 이 봉기의 결과가 점차 외부로 파급되어 나갔다. 그 결과 1월 14일에 이르면 농민군에 가담한 촌락이 15개 면面에 달하고, 인원이 1만 여 명으로 늘어나게 되었다. 1월 17일, 전봉준은 농민군 일부만 고부읍에 남겨둔 채, 주력부대를 말목장터로 이동시켰다.

한편 무장茂長에서도 1월 17일에는 무장의 접주

고부 관아터의
건물 배지노.

【손화중】

손화중孫化中, 孫華中(1861~1895)은 동학 대접주로 남접의 최고 지도자 중 한 사람이다. 본관은 밀양이고 이름은 정식正植, 자는 화중化中, 華中, 호는 초산楚山이었다. 1880년대 중반에 십승지지十勝之地를 찾아 지리산 청학동에 들어갔다가 동학에 입도하여 정읍, 고창과 무장 일대에서 포덕에 열중했다. 손화중의 무장포茂長包는 이 일대에서 가장 큰 동학조직으로 떠올라 나중에 무장기포의 중심적 역할을 수행했다. 손화중포包는 선운사 도솔암의 마애불상의 배꼽에서 신라 검단대사黔丹大師의 비결을 꺼냈다는 소문으로 더욱 명성이 높아졌다. 손화중은 그곳에서 비결을 꺼낸 뒤 "후천개벽의 시대가 왔으며, 머지않아 미륵이 내려와 고통 받는 중생들을 구제할 것"이라고 말했다고 전해진다. 고부민란 후 안핵사 이용태가 고부민을 동학교도

라는 혐의를 씌워 탄압하자 전봉준이 무장으로 와 처음으로 기포해 고부관아를 점거했다. 1894년 3월 동학혁명에서 그는 김개남과 함께 총관령總管領을 맡았으며, 전주화약에 이어 전라도 각 군현에 집강소를 설치하고 농민군이 폐정개

혁을 수행해 나갈 때에는 나주·장성을 중심으로 서남부 일대를 통솔했다. 9월 혁명 때에는 일본군이 남해안 쪽으로 상륙해 올 것에 대비해 북상 농민군에 합류하지 않고 최경선과 같이 나주와 광주 지역을 지켰다. 그는 1894년 12월 1일 농민군을 해산하고 고창군 부안면 안형리로 피신했다가, 1895년 1월 6일 재실지기 이봉우의 고발로 관군에 체포된 뒤 서울로 압송되었다. 1895년 3월 29일 전봉준·김덕명·최경선·성두환 등과 함께 처형되었다.

손화중장군이 비결을 꺼냈냐고 일러진 선운사 도솔암 마애석불.

인 손화중이 수천 명을 거느리고 태인, 부안 등지를 공격하여 폐정을 철폐하고 관리들이 불법적으로 약탈해간 재산을 농민들에게 돌려주었다. 농민들의 지지와 환영속에 이러한 봉기의 불길이 각지로 퍼져나갔던 것이다.

가활만인의 백산

전봉준은 백산白山에 성을 수축하기 시작하여 혹시 일어날지도 모르는 관군과의 충돌도 대비하고 있었다. 백산은 해발 50미터 내외의 낮은 산이다. 예로부터 내려오는 비결에 의하면 '고부 백산은 가히 만민을 살릴 수 있다'(可活萬民)고 전해 내려오는 곳이었다. 말목장터는 많은 사람들이 모이기 쉽고 교통도 편리한 요충지이긴 했으나, 관군의 공격을 막아내기에는 지형이 불리했기 때문이었다. 반면 백산은 부안과 김제, 고부, 태인 등지로 통하는 교통의 요지인데다 고부의 광활한 들판이 사방으로 한 눈에 들어오는 곳으로 농민군들이 집결하기에는 아주 유리한 곳이었다.

그리고 1월 25일, 전봉준은 백산으로 진지를 옮겼다. 고부민란에 참여하였던 농민들 대부분은 집으로 돌아가고 전봉준의 주력부대는 백산으로 이동, 주둔하였다. 당시 백산에 모여있던 농민군의 숫자는 정확하게 밝혀지진 않았지만 대략 1천명으로 추산되고 있다. 이들 중에는 집으로 돌아가고 또 다시 들어오고 하면서 교대가 지속적으로 이루어졌으며, 죽창을 들고 삼삼오오 서로 짝을 지어 왕래하면서 백산진영을 지켰다.

> 조정에서는 쫓겨난 조병갑의 후임으로 박원명朴源明을 새로이 고부 군수로 임명하거늘 박원명이 진심으로 선치善治를 베푸니 어느 정도 원성이 누그러진 백산白山의 농민군이 모두 해산하니라.(『도전』1:44:3-4)

그러는 동안 조선정부도 고부민란을 수습하기 위해 인사 조치를 단행하였다. 2월 15일, 정부는 전라감사 김문현을 감봉減俸하고, 군수 조병갑을 파직시켰다. 그리고 장흥부사 이용태를 고부안핵사로 임명하였다. 나름대로 강력한 인사초치였던 것이다. 그러나 불만을 품은 탄핵 관료들은 명예회복을 꾀하고 있었다. 2월 19일, 김문현은 농민군을 해산시키기 위해 전주영 군위軍尉 정석진鄭錫珍을 시켜 전봉준을 만나게 해 해산을 권유하면서, 한편으론 은밀히 병사 수십 명을 상인으로 변장시켜 고부에 파견하여 민란을 진압하려 했다. 그러나 이를 미리 간파한 전봉준은 이들을 붙잡고 도망가던 정석진도 농민군들에게 살해되었다. 김문현은 이 계획이 실패로 돌아가자, 즉각 5개 진영鎭營과 금구·정읍·부안·김제·담양·무장·태인·홍양 등 11개 읍에 통문을 보내 병兵을 소집하여 대기토록 했다.

백산에 진을 치고 있던 전봉준의 농민군은 2월 23일, 백산을 출발해 다시 고부군을 재점령했다. 이 때 전봉준은 전라도 각지 동학교도에게 통문通文을 보내 전운소轉運所 공격과 폐정 개혁을 호소하였다. 그리고 고부군에 있던 군기고의 무기로 무장을 강화한 뒤, 25일에는 가활만민可活萬民의 비결이 있던 백산으로 다시 돌아왔다.

농민군의 해산

그러나 이 무렵부터 전봉준을 중심으로 한 지도세력과 향촌 주민 사이에 분열 조짐이 보이고 있었다. 이는 고부봉기가 처음부터 이를 전국적 봉기로 발전시키려 했던 전봉준 등 지도부('사발통문' 참조)와, 고부군수 조병갑을 내쫓고 원한을 해결 하려 했던 농민층(부민富民층), 그리고 뚜렷한 의식없이 참여 했던 농민들 등 다양한 계층이 참여해 일어났던 만큼 당연한 결과이기도 했다. "백산성白山城에 이둔移屯하였는데, 전봉준 이 부하에게 함열咸悅 조창漕倉에 나아가 전운영轉運營을 격파 하고 전운사轉運使 조필영趙弼永을 징치懲治하자 하였으나, 군 중은 이에 응치 않았다."[34] 봉기에 참여했던 고부의 농민들은 경계를 넘지 않기를 바랐던 것이다.

이렇게 농민군 내부가 분열되면서 농민군은 백산 진영을 이

---

34 장봉선, 『전봉준실기』, 383쪽.

탈하게 되었고 고부민란은 해체되어 갔다.[35] 이 무렵 백성들 사이에서는 이런 노래가 나돌아 고부봉기의 한계를 알려주고 있었다.

가보세 가보세
을미적 을미적
병신되면 못 가보리

여기서 '가보세'는 '갑오세' 즉 '갑오년(1894년)'을, '을미적'은 '을미년(1895년)'을, '병신'은 '병신년(1896년)'을 뜻한다. 말하자면 이 봉기를 꾸물거려 병신년까지 끌지 말고 갑오년에 끝장을 내야 한다는 것이다.

그러나 고부봉기의 불길은 점점 꺼져갔고, 3월 13일에는 갑오년 첫 두 달 동안 환히 타올랐던 봉기의 횃불이 완전히 꺼지고 말았다. 전봉준 등 지도부 수십 명도 부하를 이끌고 무장의 손화중포로 갔다. 말이 그렇지 잠시 피신한 것이었다.

---

35 어쩌면 이러한 한계 곧 지도조직과 향촌주민이 분리되면서 동학교도에 의하여 민란의 차원을 초월하는 투쟁이 가능하지 않았을까도 생각해 볼 수 있다. 반면 동학교도들에 의하여 민란 차원을 넘어서는 투쟁이 준비되기 시작하였다. 전봉준은 농민군을 개편하고 서울로 올라가 임금에게 사태의 진상을 말하고 병력으로 대항하면 맞서 싸우자고 하면서 이런 기개 없이 거사했디면 무익한 것이라고 하는 강경파에게 아직은 정부의 태도를 지켜보면서 전국각지에서 동료를 규합하여 힘을 합친 후 여유있게 대처하자고 달랬다.

한편 이른바 '고부민란'의 진상을 밝히고 민심을 수습하기 위해 안핵사按覈使로 파견된 이용태李容泰는 동학 교도를 민란의 주모자로 몰아 동학 교도 대검거령을 내리니 고부 전역에서 군졸들이 죄없는 농민들을 구타하고 부녀자를 강음強淫하며 재산을 강탈하고 가옥을 불지르며 또 동학 교도를 조기 꿰미 엮듯 포승줄로 묶어 닥치는 대로 잡아들이고 그 처자들까지 살상하니라. 이에 전 군민의 통분이 뼈에 사무쳐 민심은 순식간에 다시 험악해지고 장차 큰 난리가 터질 것이라는 불안감이 고부 전역을 휩쓸더라.(『도전』 1:44:5-8)

농민군이 해산되자, 그동안 고부로 들어오지 못하던 안핵사 이용태가 역졸 800여명을 이끌고 관아로 왔다. 그는 오자마자, 고부관아를 점령해 조병갑을 내쫓은 모든 분란의 죄를 농민들에게 들씌우며 악행을 저지르기 시작했다. 고부군의 남자들은 닥치는 대로 구타하고 물고기 꿰듯 묶어 끌고 갔으며, 남자들이 없을 때에는 부녀자들에

전주 한벽당.

게 그 죄를 덮어 씌우고 가옥들을 불태워버렸다. 그리고 자신은 전주 한벽당에서 기생들을 끼고 향락에 취해 있었다.

불안감이 고부 전역을 휩쓸기 시작했다. 이 무렵 증산상제도 본댁을 떠난 지 오래되었다. 집에서는 흉흉한 시국에 아들의 안부를 알 길이 없어 노심초사하고 있었다. 당시는 동학군으로 의심되면 가릴 것 없이 마구 잡아죽이는 때였기 때문이다. 증산상제의 부친의 당부로 유덕안이 증산을 찾아 나섰다. 그러나 고부 강신리江新里에서 동학군들을 잡아가던 관군에게 동학군으로 오인되어 덕안이 포박을 당해버렸다. 그리고는 전주 용머리 고개 임시 형장으로 끌려 갔다. 전주 형장에 이르러 다른 사람들이 모두 참형되고 마침내 덕안의 차례가 되었다. 목이 막 베일 찰나, 갑자기 하늘이 캄캄하여지고 사방에서 번개가 번쩍이며 천둥이 치고 회오리바람이 불며 불칼이 들어오매 정신이 아득해지기 시작했다. 한참 후에 덕안이 정신을 차려 보니 밤이 깊어 사방이 캄캄한데 비바람은 그치지 않고 짙은 어둠 속에 시체들만 널브러져 있었다. 덕안은 손이 묶인 채, 먼 곳에서 비치는 불빛을 따라 가다 어느 주막에 이르렀다. 주막 주인의 도움으로 포승을 풀고 집에 돌아왔다. 그를 인도한 불빛은 다름아닌 증산상제의 음호였던 것이다.(『도전』 1:45)

이렇듯 농민군이 해산된 이후 고부관아는 자숙하기는 커녕 그들의 악행은 도를 넘어섰고 인근의 백성들은 숨을 죽이고 있었다.

自在沙鄉得意遊
雪翔瘦脚獨清秋
蕭蕭寒雨來時夢
往往漁人去後邱
許多水石非生面
閱幾風霜已白頭
飲啄雖煩無過分
江湖魚族莫深愁

모래불을 고향삼아 마음껏 노닐고

눈같이 흰 나래 가는 다리로 맑은 가을날 홀로 섰구나

부슬부슬 찬비 속에 홀로 꿈꾸고

때때로 고기잡이 가고나면 언덕에 노니네

많고 많은 물가의 바위 낯설지 아니하고

얼마나 많은 풍상을 겪었던지 머리도 희였구나

마시고 쪼는 것이 쉴 새 없으나 분수를 아노니

강호의 고기떼들아 너무 근심치 말지어다

전봉준장군이 10세때 지은 백구시 (본문中 에서)

3장. 천하의 대란을 이끈 3월 기포

　다시 농민들이 원성이 하늘을 찌를 듯했다. 그렇지 않아도 농민군이 해산되기 이전인 2월 말부터 이미 금구 원평에 동학교도들이 모이고 있다는 소문이 돌던 터였다.[36] 원평에 모인 사람들은 전봉준이 2월 23일 경 각지의 동학교도들에게 보낸 격문에 호응한 자들이었다. 그런 만큼 이들은 동학과 무관하지 않고, 바로 동학교도임이 틀림없었다. 앞에서도 보았듯이, 원평이라 하면 전봉준의 개인적 생애에 아주 중요한 곳이기도 하며, 그 전 해에 열린 동학도들의 원평집회에도 그가 모습을 드러낸 바도 있다. 또한 이 지역은 전라도에서 동학신앙이 가

---

36 『주한일본공사관기록』 1, 국사편찬위원회 번역본, 1986, 38쪽. 전봉준이 고부민란의 해산 이후 무장에 가서 봉기하고 전주까지 진출하는 과정은 신용하, "갑오농민전쟁의 제1차 농민전쟁", 『동학과 갑오농민전쟁연구』, 111-114쪽에 잘 나타나 있다.

장 성하였던 곳 중 하나였다.[37] 김덕명과 최경선 그리고 김개남 포에 소속된 교도들이 대개 이 일대 출신자들이었던 것이다.

무장 기포

3월 13일 농민군이 해산되기 직전(11, 12일 경)에 원평에 모였던 동학교도들도 태인을 거쳐 부안으로 향했다. 그리고 3월 16일이 되자, 동학교도들이 무장현 동음치면冬音峙面 당산堂山으로 모여들기 시작했다. 처음에는 백여 명 정도였으나 점점 그 수가 불어나, 18일이 되자 천여 명에 이르렀고, 이후 4천 명에 달하였다(3월 22일 전라감영에 접수된 무

전라도 무장 동학혁명 발상지. 전봉준장군은 여기서 전국에 통문을 보내 봉기를 알렸다.

37 『천도교회사 초고』에 따르면 해월은 1891년 이 지역을 순회하였는데 이 지역 비중을 짐작할 수 있다. 신원운동이 삼례와 원평에서 열린 점도 고려할 만 하다.

장현감의 보고).[38] 무장에 모인 이들은 죽창을 만들고 민가의 조총과 농기구 등을 거두어 무장을 하고 있었다. 이미 3월 1일, 농민군은 줄포의 세곡창고를 습격하여 2개월분의 군량도 확보한 상태였다. 만반의 준비가 이루어진 셈이었다.

전봉준은 손화중에게 상황을 설명하고 다시 일어설 것을 요청하였다. 손화중은 1880년대 중반에 동학에 입도하여 1890년대 초에는 정읍, 고창과 무장 일대에서 유명한 접주로 부상한 인물이었다. 그런 만큼 당시 그가 대접주로 있었던 무장포茂長包는 이 지역에서 막강한 세력을 형성한 가장 큰 동학조직이었던 것이다. 드디어 동학농민군이 다시 움직이기 시작했다. 아니, 조직화된 동학농민군으로서는 첫 번째 기포였다.

> 3월 20일에 무장茂長에서 기포起包한 동학 농민군은 백산으로 본진을 옮기고 전명숙을 동도대장東徒大將으로 추대한 뒤 호남창의대장소湖南倡義大將所의 깃발을 올리니라.(『도전』 1:46:1)

3월 20일,[39] 전봉준은 손화중·김개남과 함께 무장에서 농민군 진영을 편성하고 동학농민혁명의 개시를 세상에 널리 알리

---

38 『隨錄』 3월 27일 啓草.

39 3월 21일 설도 있다. 21인은 동학 2세 교주 해월 최시형의 탄생일이다 김은정, 문경민, 김원용, 『동학농민혁명 100년』, 나남출판, 1995, 158쪽.

【김개남】

김개남金開男(1853~1894)은 도강 김씨의 집성촌인 태인현 산외면 동곡리 윗지금실에서 태어났고 어릴 적 이름은 영주永疇, 자는 기선箕先·기범箕範이었다. 그는 1892년 동학교도들이 전라도 삼례에서 교조신원운동을 벌일 때, 호남지방의 접주들과 함께 참가하여 지도력을 발휘했다. 1893년 보은집회에 참가하여 태인포泰仁包라는 포명을 받고 대접주에 임명되었다. 1894년 전봉준의 주도로 '고부 동학혁명'이 일어나자, 손화중과 함께 기포起包하여 혁명을 이끈 지도자였다. "김개남 장군은 1853년(철종) 당시 태인 산외면 동곡리 지금실(현 정읍군 산내면)에서 김대흠金大欽(1817- ?)의 셋째 아들로 토반土班인 도강道康 김金씨의 중농가정에서 태어나 어려서부터 병서를 많이

탐독하셨고, 현실개혁의 의지가 충만한 인물이었다. … 어릴 적에는 김영수金永壽, 동학에 입도하여 활동을 벌이는 30대 후반에는 신분의 노출을 막기 위하여 김기범金箕範으로 바꾸었다. 그리고 본격적인 동학혁명운동에 뛰어들어서는 '남조선을 연다' 즉, 이상사회를 건설한다는 의지의

김개남장군의 모습.

표현으로 개남開南으로 고쳤다"(손현주, 「1894년 동학농민전쟁과 김개남 장군」, 김개남 장군 추모사업회, 1993. 5. 30, 25쪽; 『매천야록』, 국사편찬위원회, 158쪽). 1890년경 동학에 입도하여 1891년 접주가 되었고 하나, 확실치는 않다. 다만 1892년 6월 최시형이 전라도를 순회할 적에 태인 지금실의 김개남의 집에 머물렀고, 이 때 그는 여름 옷을 지어 바쳤다고 한다. 그 후그는 태인 접주로 활동하면서 동족인 도강 김씨들을 동학에 끌어들인 것으로 보인다. 『갑오약력』을 보면, 김개남의 종형從兄인 김삼묵金三黙은 수천 명을 거느리고 있던 동학 두령이었다. 김개남은 혁명 실패 후 태인에서 매부 서영기徐永基 집에 숨어 있다가 체포되었다. 전라감사 이도재李道宰는 그를 전주에압송한 뒤 남원부사 이용헌의 원수를 갚는다며 서울로 이송하지 않고 1895년 1월 8일 전주 장대에서 참수했다. 그의 수급首級은 서울로 이송, 1월 20일 서소문 밖에서 3일간 효수된 뒤 다시 전주로 보내졌다. 그 뿐만 아니라 그의 족속族屬이었던 가족과 도강김씨 문중에게도 가혹한 처사가 가해졌다. 김개남 장군의 손자의 증언에 의하면, "1933년 집안어른들이 '재앙거리'라며 마당에서 할아버지 책을 태웠다고 아쉬워했다."(동아일보, "동학지도자 김개남 장군 장손 환옥煥鋈(75)옹" 1994.1.4.)

는 창의문倡義文을 포고布告하였다.[40] 동학교도들이었던 만큼 하늘에 창의를 알리고 기원하는 의식儀式도 행해졌을 것이다. 원래 동학의 주요 의례는 최제우 재세 시 초하루와 보름을 기해 산 정상에 올라 봉행하던 천제天祭가 있었다. 이 때에는 칼노래를 함께 부르며 칼춤을 추곤 하였다.[41] 칼노래와 칼춤은 최제우가 천신天神으로부터 받은 것으로[42] 자신을 정화하고 하늘과 소통하여 신명을 통해 접신하던 방법이었다. 군기軍旗도 만들어 하얀 천위에 '동도대장東徒大將' 네 글자를 크게 쓴 깃발이었다.[43]

이 소식이 세상에 알려지자 백성들은 환호했다. "옳다, 인제는 잘 되었다. 천리天理가 어찌 무심하랴. 이놈의 세상 얼른 망해야 한다. 망할 것은 망해 버리고 새 세상이 와야 한다."[44] 마을마다 집집마다 삼삼오오 모여 혁명의 봉기를 알리는 창의

---

40 신용하, "갑오농민전쟁의 제1차 농민전쟁"『동학과 갑오농민전쟁연구』, 111-114쪽 ; 장영민, 박사논문, 249쪽. 내용은 처음부터 왕이나 왕조를 부정하지는 않았다. 엄격한 신분제도의 의한 인간불평등은 '시천주' 사상에 의하여 부정되고 요순시대와 같은 이상사회를 동경하고 관리들에 대한 혹독한 비판과 봉기의 정당성을 알렸다. 그렇다고 조선왕조 질서의 견고함은 바라지 않았다.

41 박맹수, "최시형의 종교사적 위치",『한국종교사연구』5집, 101쪽. 장영민, 박사논문, 250쪽. 최제우 사후에는 처형일의 기제忌祭, 4월 5일 득도일의 득도기념제, 탄생일의 탄신제가 중심이 되었다.

42 『고종실록』1864.2.29.

43 『동학란기록』상, 157쪽 ; 신용하,『동학과 갑오농민전쟁연구』, 148쪽.

44 오지영,『동학사』, 109-110쪽.

문을 서로 이야기하고 동학농민군에 대한 희망과 기대를 감추지 않았다. 어느 한 사람의 원한이 아니었다. 팔도에 차고 넘쳤던 불의와 폐악을 모두가 떨쳐 일어나 이 땅에 새로운 세상을 열기 위한 결단의 시간이 다가왔던 것이다.

마침내 굳건히 일어선 민중들에 의해 또 다시 분노의 함성이 울려 퍼졌다. 혁명의 횃불을 올린 동학농민군 4천여 명은 고창(무장)으로부터 흥덕현의 사포(현재 고창군 흥덕면 사포리), 후포에 도착하여 하룻밤을 묵고, 다음날(23일) 부안 줄포에 도착하였다. 여기서 저녁을 먹고 고부로 향해 오후 8시 경(戌時)에는 고부읍을 점령했다. 고부를 다시 점령한 농민군은 재무장을 하고 고부 백산으로 갔다. 당시 진격하는 동학농민군을 목격한 어느 일본인 미곡상인(파계생巴溪生)에 따르면,[45] 이들이 지휘계통이나 부대편제는 물론이고 오색 깃발의 신호에 따라 진퇴를 하는 훈련된 군대로 보였다고 한다.[46]

고부점령 직후에는 동학농민군의 수가 다음 표처럼 증가하였다. 여기에 말목장터에서 기다리던 고부 농민 1천여 명도

---

[45] 가장 대표적인 기록이 바로 1894년 1월 10일에 일어난 고부농민봉기 과정을 상세하게 기록한 일본인 파계생巴溪生의 「전라도고부민요일기」이다. 파계생은 고부봉기 당시 줄포에 살고 있었는데, 그는 일기에서 "1894년 음력 3월 25일, 제주도의 동학당이 사포沙浦에 상륙하였다"고 적었다(『주한일본공사관기록』에 실려 있는 「전라도고부민요일기」)

[46] 『주한일본공사관기록』 1, 경제 29호, 57쪽.

합류했다.

포힘 별	지역별 두령	동학농민군수
손화중 포	고부두령 : 오하영, 오시영, 임천서 등 무장두령 : 송경찬, 강경중 등 흥덕두령 : 고영숙 등 정읍두령 : 손여옥, 차치구 등	1,500 1,300 700 1,200
김개남 포	태인두령 : 김락삼, 김문행 등	1,300
김덕명 포	태인두령 : 최경선 김제두령 : 김봉년 금구두령 : 김사엽, 김봉득, 유한필 등	합 2,000

자료 : 오지영, 『동학사』, 111쪽 참조
　　　신용하, 『동학과 갑오농민전쟁연구』, 152쪽

서면 백산 앉으면 죽산

고부읍을 점령해 사기가 충천한 동학농민군은 3월 25일, 백산으로 이동해 진을 쳤다. 앞에서도 보았지만, 백산에 다시 온 것은 지형적인 이유가 컸다. 백산은 높이가 낮았지만 광활한 들판을 사방에 둔 구릉이고 교통의 요충지였다. 그 곳에 올라서면 동서남북이 탁 트여 한눈에 들여다볼 수 있어 전략적으로 좋은 여건이었던 것이다. 여기에 모인 동학농민군은 이제 5천여 명을 훌쩍 넘어 1만 명에 육박했다. 고부읍을 점령했다는 소식에 각지로부터 사람들이 몰려들었기 때문이었다. 그래서 백산은 동학농민군으로 뒤덮여서 '서면 백산 앉으면 죽산'이라는 말이 널리 퍼졌다. 이것은 동학농민군이 모두 흰옷을 입었기 때문에 백산이 되고, 모두 죽창을 들었기 때문에 앉으

전북 부안군 백산면 용계리 백산 봉기터. (오른쪽) 앉으면 죽산 서면 백산이라 했다.

백산전경(아래).
백산은 높이 47m의 야트막한 야산이다. 백산은 주변에 산이 없는 곳에 우뚝 솟은 곳이라 삼국시대부터 산성의 역할을 해왔던 전략적 요충지였다.

면 죽산이 된다는 소리였다.

전봉준은 백산에서 손화중, 김개남(태인)과 더불어 본격적인 대진군을 대비해 조직을 갖추고 대오를 정비해 나갔다. 소위 백산결진白山結陣이었다. 여기에서 전봉준은 총대장인 동도대장東徒大將으로 추대되었다. 부대장격인 총관령總管領은 손화중孫和中과 김개남金開南, 총참모는 김덕명金德明과 오시영吳時永으로 했다. 그리고 최경선을 영솔장領率長, 송희옥과 정백현을 비서로 삼아 보좌케 하였다. 이렇게 편제를 갖춤으로써 동학농민군이 새롭게 태어난 것이다.

만고萬古의 명장名將 전봉준이 동학농민군들로부터 추대되는 순간이었다. 그리고 조직의 책임을 맡은 사람들은 모두 동학도들이었다.[47]

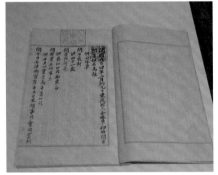

전봉준장군의 공초문.

문 : 네가 기포시 거느린 자들은 모두 동학이냐
답 : 소위 접주는 모두 동학이요 그 외 따르는 자들은 충의지사忠義之士라 할 수 있는 이가 많

47 『전봉준공초』

왔다.

격문과 행동강령

총대장이 된 전봉준은 백산에 호남창의대장소湖南倡義大將所를
두고 대장기를 내걸었다. 이 깃발에는 무장기포 때 사용한 '동
도대장東徒大將' 외에 '보국안민輔國安民'이란 네 글자도 크게 써
넣었다. 그리고는 다음과 같은 격문을 공포해 전라도를 비롯한
각처로 보내 백성들의 거국적인 궐기를 촉구했다.

> "우리가 정의를 위하여 여기에 이른 것은 그 본의가 결코 다른
> 데 있지 않고 백성을 도탄에서 건지고 국가를 반석 위에다 두
> 려고 하는 것이다. 안으로는 악질관리의 머리를 베고 밖으로는
> 횡포한 강적의 무리를 구축하려고 한다. 양반과 부자들 앞에서
> 고통받는 민중들과 방백과 고을원 밑에서 굴욕을 받는 아전들
> 은 우리와 같이 원한이 깊은 자들이다. 조금도 주저하지 말고
> 이 시각에 일어서라. 만일 기회를 잃으면 후회하여도 돌이킬 수
> 없을 것이다."[48]

이처럼 창의倡義의 뜻을 밝힘과 동시에 동학농민군이 지킬
4가지의 행동강령과 12개조의 기율도 공포하였다. 네 가지 행
동강령인 '4대 명의名義'는 다음과 같다.

---

48 『동학농민혁명 100년』, 166쪽 참조

첫째, 사람을 함부로 죽이지 말고 백성들의 재물을 해하지 말자.

(不殺人 不殺物)

둘째, 충효를 다해 세상을 구하고 백성을 편안케 하자.

(忠孝雙全 濟世安民)

셋째, 일본 오랑캐를 내쫓고 왕의 정치를 깨끗하게 하자.

(逐滅倭夷 燈淸聖道)

넷째, 군대를 몰고 서울로 쳐들어가 권세를 부리는 양반들을 몰아내자.

(驅兵入京 盡滅權貴)

그리고 앞으로 동학농민군으로서 지켜야 할 엄정한 규율과 기강인 '12개조 기율'은 다음과 같았다.

(1) 항복하는 자는 사랑으로 대한다.(降者愛待)

(2) 곤궁한 자는 구제한다.(困者救濟)

(3) 탐학한 자는 추방한다.(貪者逐之)

(4) 순종하는 자에게는 경복한다.(順者敬服)

(5) 도주하는 자는 쫓지 않는다.(走者勿追)

(6) 굶주린 자는 먹인다.(飢者饋之)

(7) 간사하고 교활한 자는 없앤다.(奸猾息之)

(8) 빈한한 자는 진휼한다.(貧者賑恤)

(9) 불충한 자는 제거한다.(不忠除之)

(10) 거역하는 자는 효유한다.(逆者曉諭)

(11) 병든 자에게는 약을 준다.(病者珍藥)

(12) 불효자에게는 형벌을 가한다.(不孝刑之)

백산에서 발표된 격문과 행동강령 그리고 기율은 동학농민군이 개인의 원한이나 영달보다는 반봉건, 반외세의 기치아래 분연히 일어섰음을 천명한 것이다. 이 땅을 유린하는 외래 침략세력을 격멸하고 나라를 위기에서 건져내며 백성들을 도탄에서 구원하기 위한 의로운 싸움을 선포한 엄숙한 선언이었다.

전봉준 장군은 동학혁명이 실패하여 체포된 뒤 열린 재판에서 '스스로 아무런 피해도 받은 일이 없는데 어찌하여 처음에 난을 일으켰는가'라고 물음에 이렇게 답하였다. "일신一身의 피해로 인하여 기포起包함이 어찌 남자의 일이 되겠는가. 백성이 원탄하는 고로 민民을 위하여 해害를 제거코자 함이었다"라고. 때문에 동학농민군이 지나가는 길은 기율과 절도가 있는 길이었다. 한말의 정치가 김윤식金允植(1835~1922)의 일기인『속음청사續陰晴史』에는 "비도匪徒(동학농민군－필자 주)가 지나가는 곳에서는 오히려 추호도 민을 범하지 않았고 관민들은 궤향饋饗을 즐겁게 제공하였다"고 기록하였다.

분연히 일어서 전봉준!

동학농민군이 일어섰다는 소식과 함께 그 지휘자 전봉준 장군에 대한 전설 같은 이야기들도 널리 전해졌다.[49] '전全 대장

---

49 오지영,『동학사』, 126-130쪽.

은 참말로 영웅이오. 이인으로서 신출귀몰의 재주가 있고 바람을 타고 구름을 휘어잡는 묘술이 있으며 천하의 장사요 세상에 없는 영웅이라. 총검에 맞아도 죽지 않으며 총구멍에서 물이 나오게 하는 법술이 있어 조화가 비상하다'는 소문들이었다. 또 '전 대장 휘하에는 일곱 살의 신동神童과 열네 살의 신동이 있어 항상 전 대장을 도와주고 있다'고도 했다.

고부 백산에서 지휘체계를 갖추고 대의명분을 천명한 동학농민군은 전봉준 장군의 지휘하에 전주공격을 공식적으로 결의하였다. 이제 민란 차원의 싸움이 동학농민혁명으로 전환되어 첫 발을 내딘 것이었다. 전주를 향해, 태인현 용산면龍山面 화호리禾湖里로 진격하였다. 여기는 마을 사람들이 예전부터 숙구지라 불러왔던 곳이다. 그리고 동학농민군의 주력은 3월 28일 태인현 동헌을 점령했다.

동학군의 진격

동학군의 진격행렬은 자못 위용을 갖추었다. '보국안민'과 '동도대장' 깃발을 앞세우고 그 뒤에 청·홍·흑·백·황의 색깔의 기旗를 각기 벌려 방향을 표시했다. '오만년수운대의五萬年受運大義'라 쓴 깃발도 있었다. 동학농민군들의 머리에는 흰 수건을 동여매고 있었다.[50] 그리고 포사砲士의 어깨에는 '궁을弓乙'

---

50 『동학사』 『대한계년사』 참조 ; 신용하, 『동학과 갑오농민전쟁연구』, 154쪽.

을 붙이고, 등에는 '동심의맹同心義盟' 넉자를 붙었다. 전봉준 장군은 하얀 갓(白笠)에 하얀 옷(白衣) 차림으로 손에는 염주를 들고 입으로는 '삼칠三七'주문을 외면서 지휘했다. 행렬은 삼삼오오 진법에 따라 질서정연하게 행진했다.[51]

동학농민군이 태인을 떠나 금구현 원평으로 진군한 것은 나흘 후인 4월 1일이었다. 농민군은 원평에서 하루를 묵었다. 그러면서 전주감영의 동향을 살피는 한편 입성入城 전략을 모색했다. 관군도 전주방어를 위하여 수비병을 증강, 배치하였다. 급보를 받은 전라감사 김문현은 우영관右領官 이경호李璟鎬를 총지휘관으로 하여 전주영 군사와 각 고을에서 징발한 향병鄕兵 그리고 보부상의 별동부대 800여 명을 합한 약 2천명 이상의 병력으로 혼성부대를 편성한 것이다. 그리고 동학농민군의 진격을 막기 위해 금구쪽으로 진출케 했다. 이 때가 4월 3일이었다.

이 소식을 접한 전봉준 장군은 방향을 틀었다. 3일에는 태인으로 돌아왔고, 다음 날(4일)에는 부안현을 점령하여 통문을 발송하였다. 이 통문은 "민폐의 근본은 이서吏胥의 포결逋缺에 있고, 이포吏逋는 탐관貪官에 말미암은 것이며, 탐관은 집권자들의 탐람에서 비롯된 것이다"라고 적시했다.[52] 이제 싸

---

51 『시천교역사』 ; 『동학농민혁명 100년』, 171쪽.

52 '동학군 통문' 『나라사랑』 15집, 136-137쪽.

움의 궁극적 책임을 집권세력에게 돌린 것이다.

이에 호응하여 전국 각지의 각계각층이 동학농민군의 깃발 아래 모여들었다. 장흥의 80여살 난 노인도, 순천의 14살 난 소년도 참여했다. '마을마다 포가 설치되었고 깃발을 들고 서로 호응하였다.' 전국적으로 들고 일어난 동학농민군의 기세는 대단했다.

> 전라도 감영의 관군이 동학군 본진을 향해 진군하매 그 중간 지점인 황토현黃土峴에서 양 진영이 맞닥뜨려 대치하니(『도전』 1:46:2)

황토현 싸움

4월 6일 오전, 부안을 떠난 동학군은 고부쪽으로 길을 잡았다. 목표는 도교산道橋山이었다. 도교산은 황토산黃土山이며 황토산은 곧 황토재이다. 관군은 동학농민군의 뒤를 쫓았다. 원평, 신태인을 지나 백산쪽으로 진군해 왔다. 관군은 군량미를 현지조달했다. 지나는 고을 마다 노략질을 일삼고 점포들을 부수고 약탈했다. 마을에 들어가면 닭이나 개도 남아나지 않았다. 주민들은 이를 갈면서 몸을 숨기고 달아났다.[53]

동학군이 황토현에서 멀지 않은 도마다리 야산(道橋山)에 진을

---

53 『오하기문』

치니(『도전』 1:49:1)

동학농민군의 운명을 가른 황토재 전투! 이 일대에 전운이 감돌기 시작한 것은 4월 6일 오후였다. 전봉준 장군이 지휘하는 동학 농민군은 최소 4천명이었고, 관군은 무남영武南營의 정예 3백 명을 포함한 2천여 명이었다.

고부 강삼리江三里에 사는 열여섯 살 소년 문남용文滿瀧과 정읍 대흥리에 사는 열다섯 살 소년 차경석車京石도 접주인 중형仲兄 문선명文善明과 아버지 차치구車致九를 따라 이 전투에 참가하고 있었다(『도전』 1:46:3). 그들이 황토현 전투에 참여한 날 해가 뉘엿뉘엿 넘어갈 무렵 어디선가 "생불生佛이 들어온다!"하고 외치는 소리가 들렸다. 키가 큰 장정 하나가 일곱 살

황토현전적지와 전봉준장군 동상. 전북 정읍시 덕천면 하학리와 이평면 도계리 사이 해발 35미터 낮은 구릉지에 세워져 있다.

정도의 어린아이를 업고 들어와 자리에 내려놓았다. 그는 무릎을 꿇고 고개를 숙인 채 미동도 하지 않았다. 여기저기서 수군거리는 소리가 들렸다. "신인神人이라, 오세동五歲童이라." 소위 오세동이는 총 든 군사의 숫자대로 손바닥만 한 종이에 '푸를 청靑'자 비슷한 글을 써서 그 군사들에게 각기 나누어 주며 말하였다. "이것을 잃어버리면 너는 죽는다." 또 오세동이 이것저것을 일일이 지시하니 동학군이 그 명에 따라 산을 둘러가며 잔솔가지에 이불보와 치마를 뜯어 중간 중간에 쳐 놓고, 밤새 간간이 관군을 향해 총을 쏘며 신경전을 벌이는데 관군이 이불보를 동학군으로 오인하여 총을 쏘아대었다. 그 틈에 전봉준 장군이 거느린 동학군이 관군 진영을 일시에 기습·초토화시켜 대승을 거두었다(『도전』 1:47). 전투는 7일 동이 틀 무렵인 새벽녘에 끝났다.

당시 상황을 조선말의 유학자인 황현黃玹(1855~1910)은 『오하기문梧下記聞』에 이렇게 기록했다.

> "밤이 깊어 적(동학농민군)의 진영이 조용해지고 포 소리도 나지않자 영군營軍이 의심이 들어 소나무를 쪼개 불을 놓고 영채에도 가득히 불을 피우니 진영이 대낮과 같았다. 연기가 밖으로 자욱하고 아침 안개까지 끼어 사방을 분별할 수 없었다. 이때 갑자기 포 소리가 콩 튀듯이 나면서 탄환이 발 밑에 떨어지니 관군이 삼(麻)대처럼 쓰러졌다. 적은 삼면을 포위하고 한쪽

모퉁이만 터놓고서 크게 외치며 짓밟아오니 관군이 일시에 무너졌다. 날이 밝자 안개도 걷혔다. 적은 향병인 흰옷 입은 자는 쫓지 않고 오직 영군인 검은 바지 입은 자와 등에 붉은 도장 찍힌 부상負商만을 이를 갈며 끝까지 쫓아 마치 사사로운 원수를 갚는 것처럼 했다."

관군의 참패였다. 다소 과장이 섞인 것으로 보이지만, 관군은 이날 전투에서 1천 명 이상의 사상자를 냈다. 엄청난 피해를 당한 것만은 분명했다. 전봉준 장근은 뛰어난 전술전략으로 관군을 격멸시켰던 것이다. 동학혁명 초기에 전봉준 장군이 전세의 승기勝氣을 장악한 첫 싸움이었다.

> 4월 7일 새벽에 동학 농민군이 황토현에서 대승을 거두고 그 기세를 몰아 정읍·홍덕·고창·무장·영광·함평을 차례로 점령해 나아가니 그 사기가 하늘을 찌를 듯하더라.(『도전』 1:49:3)

황토재의 빛나는 승리. 이 땅에서 살다가 피맺힌 한을 머금고 숨진 수없는 백성 혼의 승리였다. 황토현 전투에서 승리한 전봉준 장군은 곧바로 정읍으로 진격했다. 전주를 점령하기 위한 작전 조치였다. 그런데 정부가 파견한 양호초토사 홍계훈의 군대가 4월 5일 군산에 상륙했고, 이틀 뒤(4월 7일)에 전주로 입성하였다. 전봉준 장군은 이 소식을 접하고 전라도 서해안 지방으로 방향을 돌렸다. 동학농민군의 세력을 불리고 화력을 강화하기 위한 방책이었다.

4월 8일 흥덕읍에 들어갔고, 다음날은 무장현에 진입하였다. 동학농민군을 막을 세력이 없었기 때문에 그야말로 파죽지세의 진군이었다. 그러는 사이 동학농민군은 1만 여명으로 불어났고 장비도 '갑주를 갖추고 각자 총과 창을 가질 정도'로 강화되었다.

전봉준 장군은 무장읍 밖 30리 되는 호산봉에 진을 치고 다시 봉기의 대의를 밝히는 창의문을 지었다. "의로운 깃발을 쳐들고 보국안민을 위해 생사를 판가름"할 맹세를 굳게 다지며 백성들에게 항쟁에 나설 것을 호소하였다. 이어서 4월 12일, 전봉준 장군은 영광군에 들어갔다. 여기서 4일 동안 주둔하면서 경문을 봉독하고 진법을 조련하면서 세력을 정비·강화했다. 16일에는 함평현으로 남하하였다. 동학농민군은 '깃대를 세우고 창을 들고 칼을 휘두르며' 진군했고, '총을 쏘고 말 탄 자가 1백 명이나 되었고, 그 중에는 갑옷을 입고 전립戰笠을 쓴 자가 있을 정도로 당당했다.'

> "적(동학농민군—필자 주)들은 함평에 있으면서 진세를 펼치고.... 평민이 선두에서 나이 십사오 세쯤 된 아이 한 명을 업고 진 앞에 나섰는데, 아이는 푸른색 홀기笏旗를 쥐고서 마치

지휘하는 것과 같았고 그 뒤를 뭇 적들이 뒤따라왔다.[54] 앞에서는 날나리를 불고 그 다음에 '인仁'자, '의義' 자를 새긴 깃발 한 쌍이, 다음에는 '예禮' 자와 '지智' 자를 새긴 한 쌍이, 또 다음에는 흰색 깃발 두 개가 뒤따랐는데, 그 중 하나는 '보제普濟'라 썼고 다른 하나에는 '안민창덕安民昌德'이라 썼는데... 다음의 황색기 하나에는 '보제중생普濟衆生'이라 씌어 있었다."

황룡촌 싸움

함평을 떠난 전봉준 장군은 장성 월평촌月坪村으로 향했다. 전라도 남부지방의 여러 마을들이 동학농민군의 수중에 장악되면서 호남지방은 순식간에 혁명의 불길에 휩싸였다. 물론 이 무렵 동학혁명의 불길은 공주, 청산, 옥천, 문의, 보은 등 충청도 전역을 휩쓸고, 한반도 전역으로 확대되고 있었다. 조선 땅은 그야말로 혁명 외에 모든 것이 마비된 상태였다.

23일에 동학군이 장성長城 황룡촌黃龍村 전투에서 초토사招

---

54 황현, 『오하기문』, 역사비평사, 86쪽. "모두들 어린아이가 잡고 있는 푸른색 기가 지시하는 것을 쳐다 보았다. 대개 적들은 어린아이 중에서 키가 작고 교활한 아이를 뽑아서 진중에 두고 며칠 동안 어떤 진을 펼칠 것인가를 가르치고는 그럴싸하게 신동이라고 하여 보고 듣는 사람을 현혹시켰다. 이는 전단田單(중국 전국시대 제나라 장수로 연나라의 침략군을 화우지계火牛之計로 격파한 명장-필자 주)이 신령스러운 장수를 받들었던 지모인데 어리석은 백성들은 이것도 모르고 참으로 신인인줄 어겼다." (황현, 『오하기문』, 역사비평사, 87쪽)

討使 홍계훈洪啓薰이 이끄는 관군을 대파하고 북으로 전주를 향해 진격하니(『도전』 1:49:4)

전봉준 장군과 관군과의 운명의 두 번째 결전이 다가오고 있었다.

홍계훈의 경군京軍도 18일 전주를 출발하여 동학농민군을 뒤쫓았다. 금구, 태인, 정읍, 고창을 거쳐 21일 영광에 도착한 경군은 동학농민군의 동향을 살폈다. 마침내 질풍노도와 같이 달려온 동학 농민군은 장성에서 홍계훈의 경군을 만나 두 번 째 싸움을 벌었다. 이른바 황룡촌 전투였다.

전봉준 장군은 또 한 번 뛰어난 전술을 구사하여 관군을 패퇴시켰다. 4월 23일, 관군은 장성군 월평장 황룡촌에서 동학농민군을 불의에 습격하였다. 이번에 참가한 관군은 정식훈련을 받은 정규군이었으며, 대포와 기관포까지 갖춘 부대였다. 전봉준 장군은 이런 관군의 습

장성 황룡촌싸움에서 동학혁명군이 사용한 장태의 모습.

격을 저지시키고 역으로 섬멸적 타격을 가했다. 결과는 전봉준 장군의 대승이었다. 동학농민군은 대장 이학승을 비롯한 수많은 관군을 살상하고, 대포 2문과 각종 무기·탄약을 대량 노획하였다.

전봉준 장군이 정부가 파견한 정식 훈련을 받은 경군을 격퇴, 그것도 대승大勝을 거둠으로써 동학농민군은 새로운 계기를 맞게 되었다. 농민군은 자신감으로 차올랐고 의식도 적극적으로 바뀌었다. '이 나라를 바로잡아 보겠다'는 보국안민의 의지와 확신을 마음속에 강하게 심어나갔다. 경군을 유인, 장성 황룡촌에서 기를 꺾어놓은 전봉준 장군은 재빨리 길을 돌려 무방비 상태나 다름없는 전주성을 향해 나아갔다. 이것이 장군의 전략이었다.

전주성을 향하여

4월 24일, 드디어 기세충천한 동학농민군은 장성을 출발하여 호남지방에서 봉건통치의 아성인 전주를 향해 내달았다. 촌각이 아쉬운 전봉준 장군은 전주성을 한시바삐 점령하기 위해 지름길을 택했다. 전 장군은 원평 일대 지리를 꿰차고 있었다. 갈재를 넘어 정읍, 태인, 금구, 원평을 지났다. 원평에서는 오른쪽 길로 꺾었다. 금구현의 관아(金溝縣衙)가 있는 쪽으로 가지 않고, 금산사 쪽으로 가 김제군 금산면 용화동 삼거리에

서 청도리를 거쳐 다소 험하지만 독배재를 넘은 것이다.[55]

　전봉준 장군은 한 걸음에 전주성의 코앞인 삼천(현재 전주시 완산구 삼천동 세내(三川)마을로 추정)에 도착했다.『오하기문』에는 '27일 날이 밝을 녘에 이들이 바로 서문 밖에 이르러 용두치(용머리 고개)로부터 일자진一字陣을 폈다'고 했다. 이로 볼 때 그 전날(26일) 밤은 삼천에서 보냈던 것 같다.[56]

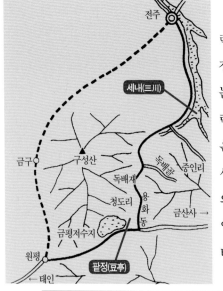

원평에서 전주성 진격로.
(『동학농민혁명 100년』,
195쪽)

　갑오년(1894) 4월 27일(양력 5. 31) 이른 아침, 전봉준 장군은 노획한 포를 발사하는 것을 시작으로 전주성 공략에 들어갔다. 동학농민군은 1만 여 병력의 엄청난 위세였다. 반면에 전주성은 거의 무방비 상태였다. 전주감영의 군대는 이미 궤멸된 상태였고, 홍계훈의 정부군은

---

55 『동학농민혁명 100년』, 191쪽. 전봉준의 주력부대는 확실히 독배재를 넘었다.

56 『동학농민혁명 100년』, 193쪽.

장성전투에서 타격을 받아 올라오지 못해 뒤처진 상태였다. 더욱이 정부가 급파한 증원군도 아직 도착하지 못했고, 신임감사 김학진도 부임하지 않아 질서가 잡히지 않았다. 전봉준 장군은 바로 이러한 약점을 노린 것이었다. 전주성은 그날 단숨에 점령되고 말았다. 말 그대로 무혈입성이었다. 전주성 점령은 동학혁명에서 동학농민군이 거둔 가장 큰 성과였으며 조선정부에도 큰 타격을 준 것이었다.

전북 전주시 전동의
옛전주성의 남문인 풍남문.
동학군은 오늘날 서문을
통해 입성했다.

완산칠봉에 조성된 완산공원에 세워진 전주입성기념비. 전주화약 이전 세차례 걸쳐 치열한 전투가 있었던 장소이다.

4장. 기울어가는 국운과 전봉준 장군의 고민

전봉준 장군은 선화당에 지휘부를 마련했다. 우선 토색질이 심한 악질관리들과 부호들을 징치하고 그들의 재산을 몰수하여 어려운 백성들을 구제하면서 새로운 질서를 세워나갔다. 그러나 홍계훈의 정부군이 전주성이 함락된 다음날 전주에 도착했다. 홍계훈은 전주 성내가 내려다 보이는 완산칠봉完山七峰에 진을 쳤다. 이 때부터 전봉준 장군의 동학농민군과 홍계훈의 관군 사이에 공방전이 시작되었다.

전주성을 둘러싼 공방전

전투는 치열했다. 그 중 5월 3일 일어난 전투는 큰 고비였다. 이 날 싸움에 임하는 동학농민군의 사기만큼은 대단하였다. '농민군은 손에 손에 창과 화승총 등을 쥐고, 그 중에는 무기도 갖지 않고 소나무 가지를 꺾어 흔드는 자도 있었다. 그들의 등에는 탄환을 막기 위하여 모두 황색종이에 붉은 글자로 주문을 써 붙여 놓았다. 또 십여 명이 한 무리가 되어 앞면에 흰베(白布)를 높이 펴서 세워 수십 백의 대오를 만들었다. 입으로는 탄환을 막는 주문(시천주조화정侍天主造化定)을 소리 높여 외우고 함성을 지르며 비오듯한 탄환(彈雨) 속으로 돌진하였다.[57]

그러나 현실은 냉엄하였다. 이 싸움에서 양측 모두 손실이 컸으나 관군의 승리였다. 관군이 가진 신식무기의 화력 앞에 동학농민군이 허물어진 것이다. 전봉준 장군은 왼쪽 허벅지에 총상을 당했고, 정진인鄭眞人처럼 신격화되었던 14세 애기장사(童壯士) 이복용李福用도 생포되어 참수되었다. 동학군은 많은 사람이 죽거나 부상을 당하고, 이때까지 총알을 막아준다고 믿던 '흰 베의 휘장'(白布帳)이 전혀 효력을 발휘하지 못하자 동요하기 시작했다. 점차 전주성을 탈출하는 사람들이 많아졌다.[58]

---

57 『주한일본공사관기록』(1, 발제 94호, 13쪽 ; 발제1 02호, 19쪽 ; 제 94호, 19쪽)과 『오하기문』 제 1필, 33, 65-6쪽.『전주부사』, 115쪽(『동학농민혁명 100년』, 199쪽 아래 내용).

58 『동비토략』, 240쪽.

홍계훈이 관군만으로는 동학군을 진압하기 어렵다고 판단하고 청국군 차병借兵을 조정에 요청하니라. 이 때 청국과 일본은 조선에서 일어나고 있는 이 사태를 예의 주시하고 있었으니 당시 일본의 총리대신은 이등박문伊藤博文이라. 동학군이 27일에 전주를 점령하니 이에 놀란 조정에서는 마침내 청淸에 차병을 요청하거늘 5월 5일에 청국군 3천여 명이 아산牙山으로 들어오니 때를 엿보던 일본군 또한 다음날 4천여 병력을 이끌고 인천에 상륙하매 삼천리 강토에 짙은 전운戰雲이 감돌더라.(『도전』 1:49:5~9)

그러나 더 큰 문제가 기다리고 있었다. 무능한 조선정부가 동학혁명을 해결하기 위해 한반도에 외세(청국)를 불러들였던 것이다. 사실 전봉준 장군이 고부 황토현 전투에서 대승을 거둘 때부터 조선정부(민영준)는 청국에 군사적 도움을 당장 요청하려 했다. 물론 청나라와 일본, 뿐만 아니라 러시아도 동학 농민군의 움직임을 예의 주시하고 있었다. 새로운 상황전개에 따라 자국의 이득을 위해 기민하게 대응하려는 술책이었다. 때문에 청나라의 출병요청은 간단한 문제가 아니었다. 잘못하면 주변 열강들의 출병으로 조선 땅에 큰 재앙을 불러올 수 있기 때문이었다.

청·일군의 개입

그럼에도 불구하고 전주성이 함락되자, 민영준의 세의를 받아들여 조선정부는 4월 30일 밤 청국(원세개)에 정식으로 출병을 요청하였다. 우려는 현실로 나타났다. 조선주재 일본 공사관의 대리공사 스기무라 후카시杉村濬는 이 사실을 탐지하여 본국에 타전하였다. 일본정부는 첩보를 접한 4월 29일 당일(양력 6월 2일) 재빨리 파병을 결정했다. 공식적으로 청나라에 파병을 요청하기 하루 전의 일이었다. 그로부터 사흘 후인 5월 2일(음 6월 5일), 일본은 대본영을 설치하여 전시체제로 전환하였고, 일시 귀환중이던 조선주재 일본공사 오오도리 가이스케大鳥圭介가 해병대 일부와 함께 군항인 요코스카橫須賀를 떠났다.

예상치 못한 바는 아니었지만, 일본군의 출병이 결정되자 조선정부는 당황했다. 정부는 우선 청나라 군사의 상륙보류를 요청하고, 3일 거둔 관군의 승리 등을 근거로 일본군에 상륙중지를 요청하였다. 그러나 완전한 계산착오였다. 준비를

제물포 해안에 상륙한 일본군의 모습(1894).

마치고 조선침략의 때가 오기만 노리고 있었던 일본이 그 요구를 들어줄 리 만무했다. 청나라 섭사성 부대의 1천여 명이 5월 5일 아산만(백석포白石浦)에 상륙했고, 바로 이어 오오도리 일본공사도 천진조약과 거류민을 '보호'한다는 명목을 달고 6일 육전대陸戰隊 488명과 순사巡査 20명과 함께 인천 제물포항에 상륙하였다. 그리고는 다음날 오후 늦게 조선정부의 제지를 뿌리치고 서울로 들어왔다.

조선정부의 충격은 컸다. 정부 관료들은 닥쳐올 사태를 직감하며 두려움을 느꼈다. 고종이 이미 요청하였던 미국 군함도 제물포에 위용을 드러냈다. 영국공사도 일본을 견제하듯 고종을 알현하였다. 제국주의 열강들이 서서히 조선으로 몰려들면서 분주해지기 시작했다. 그러나 청국의 이홍장과 원세개는 아직까지 여유를 갖고 있었다. 일본군이 조선에 들어왔지만, 여전히 조선에 막강한 입김은 자신들이라고 생각하였던 것이다. 한반도 조선 땅은 청·일 및 열강들의 각축장이 되고 말았다. 아직 위기일발의 사태로 진전되지는 않았으나 그 서막이 열리고 있었다.

관군과 동학군은 잇단 외세의 개입을 경계하여 화약和約을 맺으니 이로써 동학군이 일단 해산하니라. 이에 조정에서는 양국에 동시 철병을 요청하고 청 또한 일본에 동시 철군을 제의하였으나, 일본은 난이 아직 끝나지 않았음과 조선의 내정개혁을

구실로 이를 거부하니라.(『도전』 1:49:10~11)

전주화약

조선정부가 동족을 처단하기 위해 외세를 끌어들임으로써 동학혁명은 새로운 차원을 맞았다. 전봉준 장군도 민족적 위기에 처한 정세를 엄중하게 간파하였다. 망국의 위험을 조성한 장본인이 봉건통치배들이었지만, 이 싸움을 계속한다면 외래 침략세력에 어부지리를 줄 수 있다고 판단했다. 5월 8일, 정부가 휴전 제의를 요청해 오자 전봉준 장군은 수락의 뜻을 밝혔다. 대신 동학농민군의 '죄'를 묻지 않을 것과 봉건정부가 각종 폐단을 개혁할 것을 제시하였다. 화의和議는 급속히 성사되었다. 소위 '전주화약全州和約'이었다.

삼례 동학농민혁명 기념광장에 있는 폐정개혁비.

같은 날(5월 8일), 동학농민군은 성문을 나와 고부 백산, 김제, 무장 등으로 돌아갔다. 소위 '귀화歸化'라는 이름으로 자진 해산한 것이었다. 그리고 전라감사 김학진이 전주성에 들어왔고, 전봉준 장군의 동학농민군

【집강소】

집강소는 1894년 6월 10일, 정부로부터 폐정개혁의 실시를 약속받은 전주화약이 성립되어 나온 '관민상화지책官民相和之策'의 결실로 설치된 민정기관이었다. 전라도 53개 군, 현에 집강소가 설치되어 신분차별의 폐지, 수탈자들의 처벌, 각종 잡세와 채무의 제거, 관리등용에서 지방과 문벌의 차별 폐지, 대토지 소유의 제한 등의 개혁강령을 제시하였다. 동학혁명의 최고봉으로 평가되는 이 폐정개혁의 중요성에 비하여, 그 기록이 너무 불분명하고 소략하기 때문에 그 실재를 의심받기도 한다. 예를 들어 "관리채용은 지벌地閥을 타파하고 인재를 등용할 일"은 전봉준과 김학진 사이에 합의할 수 있는 사안이 아니다. 그리고 신속히 해결하여야 할 현안이 산적하고, 넘어야 할 긴박한 상황이 많은데, '청춘과부는 개가를 허락할 일'이라는 사회적 풍습까지 다루고 있기 때문이다. 그러나 집강소는 노비문서를 불태우고 묵은 채무관계를 없애는 등 적극적으로 활동하였다.

(집강소의 기원, 설치, 발전단계, 조직, 주체세력, 구체적 폐정개혁 활동, 역사적 성격 등에 대해서는 신용하, 「갑오농민전쟁 시기의 농민집강소의 설치」, 「갑오농민전쟁 시기의 농민집강소의 활동」, 『동학과 갑오농민전쟁연구』 참조).

지휘부는 봉건정부가 앞으로 시행할 14개 조로 된 폐정개혁안을 제시하였다. 이 개혁안은 환곡, 전세를 규정대로 하여 착취를 금하고, 악질관리들을 물러나게 하며, 상인들의 농민착취를 못하게 하는 등 백성들의 절박한 생활상의 요구를 담고 있었다. 6월에 들어서 전라감사와 전봉준 장군은 이러한 폐정개혁안의 실시를 통제하고 감독할 사명을 지닌 농민 대표기관인 집강소를 설치하여 치안과 개혁을 실천하기 시작하였다.

전주화약이 성립되자, 정부는 9일부터 연일 청일 양국에 철병을 요구했다. 그러나 일본군은 공사관과 상민을 보호해야 된다는 구실로 거부했고, 청국마저도 철병을 거부하였다. 오히려 5월 9일에 일본은 육군 8백 명을 인천에 상륙시켜 다음 날 서울로 불러들였다. 13일에는 3천 300명의 병력이 다시 상륙하여 조선에 들어온 일본군이 4천명을 넘어섰다. 그리고 이 병력을 경인京仁간의 요충지에 주둔시켜 도발 야욕을 노골화했다. 조선정부는 거듭 일본군의 철수를 강력하게 요구하였으나, '쇠귀에 경 읽기'였다. 설상가상으로 일본은 12일 각의閣議에서 동학농민군을 진압하고 조선의 내정개혁을 결의하고, 이토 히로부미伊藤博文 총리대신에게 요청하였다. 적반하장이 따로 없었다.

경복궁의 침탈

사태는 서서히 청일 양국의 충돌로 치달았다. 일본은 외교에 주력하며 서양 제국주의 열강의 지지를 얻는 한편 청국과의 전쟁을 준비해 나갔다. 이제는 청국도 일본군의 동향에 신중하게 대처하였다. 조선정부는 직접적인 설득이 효과가 없자, 조선주재 서양 각국 공사들에게 청일 양국이 철병할 수 있도록 압력을 요청하였다. 그러나 이미 사태는 돌이킬 수 없었다. 전주성에는 러시아까지 조선을 침공할 것이라는 소문마저 나돌면서 불안감은 더욱 고조되었다. 6월 15일, 이 와중에 일본은 청국과의 전쟁을 최종 결정하였다.

서울 도성(영추문) 앞의 일본군 모습.

전주화약全州和約 이후 동학군의 요구대로 폐정개혁안이 시행되고 호남 전역에 집강소執綱所가 설치되어 동학군이 치안과 민정을 맡아 잠시 안정되는가 하였으나 일본군의 대궐 침범과 패륜적인 내정 간

섭으로 조선은 다시 걷잡을 수 없는 망국의 혼란 속으로 빠져
들고 기회만 노리던 일본군이 드디어 아산 풍도楓島 앞바다에
서 전단戰端을 열고 청군에 포격을 개시하니 이로써 청일전쟁
이 불을 뿜기 시작하니라.(『도전』1:52:1-3)

마침내 6월 21일(양력 7월 23일), 일본군이 경복궁을 점령하
였다. 전봉준 장군은 호남의 남쪽 지방을 돌아다니고 있는 중
이었다. 경복궁 침탈! 곧 조선의 주인이며 상징인 고종황제가
일본군에게 포로로 잡힌 상태였다. 지난 임진란에 도성을 점
령하지 못한 한 때문이었을까?

지난 임진란에 일본 사람이 조선에 와서 성공치 못하여 세 가
지 한이 맺혀 삼한당三恨堂이 있다 하나니 먼저 도성都城에 들
지 못 하였음이 일한一恨이요.(『도전』5:286:1-2)

배은망덕도 유분수라. 무례하게도 일본군은 한 나라의 왕실
인 경복궁을 무력으로 정복했던 것이다.

대원군이 다시 정계에 복귀하였다. 그러나 독자적인 힘은
없었다. 고종은 일본의 강압으로 그들이 요구하는 내정개혁안
에 동의했다. 김홍집을 수반으로 하는 친일정권도 세워졌다.
일본군은 여전히 궁궐수비와 서울 외곽경비에서 철수하지 않
았다. 조선 군사들이 무기가 없으므로 자신들이 왕을 보호해
야 된다는 구실이었다. 양들을 보살피겠다는 늑대의 속임수에

지나지 않음은 삼척동자도 알 수 있을 것이다. 분노가 치밀고 안타까운 상황이었다. 양들을 몰기 위해 늑대를 불러들였다가 당한 자충수를 둔 꼴이니. 정부(고종)가 그나마 한다는 것은 고작 영국군들이라도 와서 보호해달라는 부탁이었다. 얼마나 무력하였으면 이런 부탁을 했을까.

청일전쟁

드디어 6월 23일(양력 7월 25일) 아산만에 포성이 울렸다. 일본군이 이 곳 풍도豐島에 정박해 있던 청국 함대를 선제 공격한 것이었다. 며칠 뒤에는 아산과 성환(천안)에서 청국군이 참패하여 평양으로 후퇴하여 버렸다. 7월 1일(양력 8월 1일)에는 공식적으로 일본과 청나라간에 전쟁이 선포되

서울거리 일본군병사들. 뒤의 뾰족한 탑은 명동성당으로 1892년 착공하여 1898년 축성 되었다.

었다. 전봉준 장군이 그토록 우려했던 청일전쟁의 시작이었다. 조선 강토는 외적들의 싸움터가 되고 말았나.

그 후 일본군과 청국군은 8월 중순에 평양에서 대규모 전투를 벌였다. 결과는 일본군의 대승이었다. 일본군은 8월 16일 (양력 9월 15일) 평양에 입성하였고 압록강을 넘어 만주로 진격하였다. 해전에서도 일본군이 승리하여 요동반도의 여순항까지 점령되었다.[59] 사태는 매우 심각했다. 일본군은 경복궁을 점령하면서 조선군대를 무장해제시켜 버렸고[60] 전쟁수행에 필요한 인적 및 물적 자원들을 마구 약탈하면서 한반도를

---

59 이 전쟁은 청나라의 요청으로 1895년 4월 17일 청나라와 일본 사이에 시모노세키 조약이 체결되었다. 이로 인하여 청나라는 조선을 완전한 자주독립국임을 확인하여 조선에 있어서의 일본의 국제적 위치를 확립시켜 주었고, 배상금 2억 냥兩을 일본에 지불하였으며, 요동반도·대만臺灣·팽호열도彭湖列島 등을 할양하였으며, 통상상의 특권을 부여하였다. 그 결과 청나라는 무력함이 드러나 세계 열강국에 의한 청나라 분할 경쟁이 더욱 노골화되었고, 일본은 더욱 적극적으로 조선 침략의 야욕을 표시하여 필연적으로 러시아 세력과 충돌을 일으키게 되었다. 그러나 이후 요동반도는 러시아·프랑스·독일의 3국 간섭으로 반환되었다. 조선의 명성황후는 이 같은 러시아의 힘을 빌려 일본 세력을 몰아내려 하였다. 일본은 이에 큰 위협을 느꼈고, 1895년 음력 6월 21일에는 일본 공사 미우라가 지휘하는 일본군의 2개 대대가 명성황후의 침소인 건청궁에 난입하여, 명성황후를 시해하고 고종에게 왕비의 폐출 조서에 서명을 강요하며 위협하였다. 그러나 고종이 그것을 거부하자 세자에게 칼을 휘두르는 등의 만행을 저질렀다. 일본은 조선을 압박하여 을미개혁을 실행하였으나, 민중들의 반발로 무산되었다. 1896년 2월, 고종이 러시아 공사관으로 이동한 아관파천을 감행하여 조선 내에서 일본의 세력은 감소하였다. 이듬해 고종은 덕수궁으로 환궁하여 대한제국을 선포하기에 이른다. 한편, 동아시아에 대한 주도권은 중국으로부터 일본으로 옮겨졌으며, 청나라 조정과 중국 중심의 동아시아 세계관에 치명타를 주었다. 이러한 경향이 이후 신해혁명으로 이어졌다.

60 일본군은 경복궁 침입 뒤 조선군을 무장해제 시켰는데, 그 때 무기는 대포가 30문, 기관포 8문, 각종 소총 2천정 정도였다(이광린,『한국개화사연구』, 일조각, 1972, 168-172쪽).

황폐화시켜 버렸다. 무능한 봉건관료들은 그들의
만행에 항거는 커녕 굴종적인 태도를 취했다.

> 청일전쟁에서 연전연승하던 일본은 평양 전투의
> 승리를 계기로 조선의 내정에 더욱 깊이 개입하
> 며 본격적으로 동학군 토벌에 나서거늘(『도전』
> 1:52:4)

전봉준 장군은 일본군의 궁궐침입을 예사롭지
않게 보았다. 다만 흩어져 있던 동학농민군들에
게 경거망동하지 말고 시세를 살필 것을 당부하
였다. 조선의 중심, 경복궁이 일본군에 짓밟힌 충
격. 그 민족적 수치와 모욕은 일찍이 수운 최제우
가 염려한 상황이었고 단재 신채호
가 울분을 터트린 치욕이었다.

안심가의 일부.

"개 같은 왜적倭敵놈아 너희신명
神明 돌아보라
너희 역시 하륙下陸해서 무슨 은
덕恩德 있었던고 …
개 같은 왜적놈을 한울님께 조화
造化받아
일야 ·夜에 멸하고서 전지무궁傳
之無窮 하여놓고

대보단大報壇에 맹세하고 한汗의 원수 갚아보세."(『용담유사』
「안심가」)

"임진년에 대대적으로 침략해 와 인민을 도륙하여 그 피로 전
국의 산하를 물들게 하고, 능묘를 파헤쳐 그 화가 백년 묵은 해
골에까지 미치게 하여, 후대의 독사자讀史者들로 하여금 뼈가
부닥치고 피가 끓게 만든 놈들이 바로 왜가 아닌가?"[61]

전봉준은 "왜적놈이 병사를 내어 우리 임금을 협박하고 우
리 백성을 어지럽히니 어찌 인간이라 할 수 있겠는가"라고 분
노를 감추지 못했다.[62] 전라감사 김학진 마저도 "주군을 욕보
이는 변을 참고 보면서도 차마 신하의 의리로 죽지도 못함이
신의 죄이옵니다(忍見主辱之變 而未效臣死之義 臣之罪也)"라
고 자책할 정도였다.[63] 또한 지방관료들은 정부의 명령에 복종
하지 않는 것이 왕을 섬기는 것이라고 보았다. 국왕이 일본군
에 둘러싸인 마당에 그 명령은 곧 일본인으로부터 나온 것이
라 생각한 때문이다. 조선 민족으로서 일본 세력을 이 땅에서
제거해야 한다는 목표가 설정된 셈이다.

---

61 신채호 『천고天鼓』 창간사 ; 최광식 『단재 신채호의 '천고'』, 아연출판부,
   2004, 49쪽.

62 『선유방문병동도상서소지등서』(『동학란기록』 하 수록), 383-384쪽.

63 『일성록』 9. 18일조.

동학군의 재결집

그동안 흩어져 있던 동학농민군들이 다시 움직이기 시작했다. 7월 3일, 충청도의 공주 이인利仁에 수천 명이 모인 것을 시작으로, 7일 서천과 청양, 17일에는 연기와 한산, 정산 등에 동학도들이 모인 것이 목격되었다. '동학당이 다시 일어난다'는 소문도 파다하게 퍼지고 있었다. 8월 1일에는 공주에서 가까운 정안면 궁원에 만여 명이 집결하기도 했다. 시간이 지나면서 호남·충청·경상도 지역 그리고 전국적으로 동학농민군의 활동은 더욱 왕성해갔다. 김개남은 남원으로 들어갔고 (6.25), 전봉준 장군의 발걸음도 분주해졌다. 전주에서 각 읍의 집강執綱들에게 치안을 유지하라는 통문을 발송하는가 하면, 남원에 내려가 김개남과 함께 '농민군대회'를 열기도 했다(7월 15일경).

7월 하순이 되자, 일본군은 경복궁에서 철수조건으로 세 가지를 내세웠다. 조건은 다름 아니라 부산과 서울 사이의 철도 부설권, 전라도에서의 개항, 그리고 경복궁 침입사건을 잊어버리자는 것이었다. 25일 정오에 일본군은 철수했다. 그러나 그것은 눈가림에 지나지 않았다. 일본순사들

동학 농민군 본부에서 사용한 인장. 제중의소(민중을 구제하기 위한 의로운 곳)라 새겨져 있다.

이 그 자리를 대신했고, 일본군 역시 무슨 일이 일어나면 금방 출동할 수 있는 가까운 곳에 주둔하였다. 일본은 서울 성내에 세 곳, 그리고 사대문에 각 한곳씩의 경찰서를 설치하고 200여명의 순사를 배치하였다.

전봉준 장군은 신중히 움직였다. 8월 11일, 전주에서 일본인과 회견하면서 "우리는 일본의 행동, 대원군의 행동을 아직 자세히 몰라서 안심할 수 없기 때문에 나는 힘써 동지들의 분격을 가라앉힘과 동시에 조선정부의 동태를 알려고 한다"고 했다.[64] 전봉준 장군은 일본군의 경복궁 점령사건 이후 신중하게 일본의 행동을 예의 주시하고 있었던 것이다.

8월 16일, 앞서 보았듯이 평양에서 일본군이 청국군에게 대승을 거두었다. 이 소식은 급하게 전주로 알려졌다. 신중한 태도로 일관하던 전봉준 장군은 중대한 결단을 내려야 했다. 전쟁이 끝나면 총구가 동학농민군들에게 돌려질 것이 자명自明했기 때문이다. 8월 말에 들어서면서 전국 각지의 동학농민군이 거의 들고 일어난 상태였고,[65] 어떤 지역에서는 벌써 일본

---

64 『일청교전록』 12, 명치 27년 10월 16일(음력 9월 18일), 42-43쪽 ; 『1894년 농민전쟁연구 5』, 138쪽.

65 정부는 8월 21일자로 전라감사 김학진의 보고에 따라 농민군에게 무기를 배앗긴 고부를 비롯하여 고창 금구 무장 흥덕 태인 함평 부안 정읍의 수령들을 압상押上토록 했다. 이 조처를 보면 이미 전라도 일대가 봉기상태나 다름없었다.

군과 충돌하였다(8월 29일. 문경). 이제 그들은 자신들의 군센 의지를 조직하여 수탈관리와 철천지 원수 일본 그리고 그에 빌붙은 관리들을 일소할 수 있는 강력한 통솔력을 가진 지도자를 기다리고 있었다.

"조선은 전봉준 손에 달렸고 세상은 동학군의 천지가 된다." 동학농민군이 1차 봉기했을 때 유행하던 말이었다.[66] 동학농민군은 자신들을 지휘할 지도자는 결코 범상한 인물이 아니며 천지신명이 도와준다고 생각하였다.

전봉준 장군은 장성에서 손화중을 만나 기포起包의 불가피성을 서로 공감했다. 8월 25일경 김개남이 개최한 남원대회 소식도 접했다. 9월 초에는 대원군의 밀사가 전봉준 장군과 김개남을 만나기도 했다. 일본군도 이 때부터는 다시 동학군이 활보한다는 핑계로 대궐에 일본경찰 대신 일본군대를 배치하였다. 그리고 또 일본군 4천명이 제물포에 상륙하였고 서울의 사대문 경비병도 배로 늘어났다. 일본군이 들이닥치는 것은 이제 시간문제였다. 전봉준 장군에게 결정의 순간이 다가왔다. 재기포냐, 아니면 조용히 일본군을 맞을 것인가.

세상을 바꾸고 새로운 세상을 세우는 일!

전봉준은 결국 재기포를 결정했다. 결정을 내린 전봉준 장

---

66 『동학사』, 120쪽.

【남접과 북접】

북접北接이라는 용어의 유래를 살펴보자.『최선생문집 도원기서』(1879)에 의하면, 1863년에 최시형은 최제우에 의해 동학의 '북도중주인北道中主人'에 임명되었다. 그러나『도원기서』이전에 나온『수운행록』(1865)에는 이 '북도중주인' 임명사실이 없다. 그런데 '북도중주인'이란 표현이 1900년대 이후에 나오는 동학사서 속에서 '북접주인北接主人' 또는 '북접법헌北接法軒'으로 바뀐다. '북접주인'이란 표현은 1906년경에 필사된『대선생사적』속에 처음으로 등장한다. 이 책에 따르면 종래의 '북도중'이란 표현이 '북접'으로 바뀌었다.

그러면 남접이란 용어는 어디에서 유래하였는가. 남접이란 용어는 1894년 이후에 처음으로 등장한다. 1894년 이전 사료 어디에서도 남접이란 용어는 등장하지 않는다. 일반적으로 1893년 충청도 보은집회에 대립하는 전라도 원평집회가 바로 남접이 주도했던 집회이며, 이 집회의 지도자가 바로 남접을 지휘하는 전봉준이었다고 주장하고 있지만, 1차 사료 어디에서도 남접이란 용어는 등장하지 않는다. 남접이란 용어가 최초로 등장하고 있는 모든 사료들은 1894년 동학혁명기에 쓰여진 자료들이다. 구체적으로는『전봉준공초』(1894-95),『오하기문』(1894-95),『주한일본공사관 기록』(1894-95),『양호

우선봉일기』(1894-95) 등에 남접이란 용어가 등장하고 있다.

『전봉준공초』에 나오는 남접관계 내용을 살펴보자.

　문 : 동학 가운데 남접 북접이라 일컬어지는 것이 있는데 무엇에
　　　의하여 남북을 구분하는가?

　답 : 호이남湖以南을 칭하여 남접이라 하고 호중湖中을 칭하여 북
　　　접이라 한다.

이 진술에 의하면 '호이남' 즉 전라도 일대의 동학 조직을 '남
접'. '호중' 즉 충청도 일대의 동학 조직을 '북접'이라 했다는
것이다. 그러나 박맹수 교수는 남접과 북접에 관한 전봉준의 진
술은 동학 조직내의 어떤 실체적 조직을 가리키는 의미가 아니
라 편의상 '호이남과 호중'이라는 지역적 기준으로 나눈 것에
지나지 않는다고 하여, 이러한 남북접 대립설은 허구라 지적하
였다.

군은 우선 무기와 군량을 확보하여 비축해야만 했다. 9월 10일, 전봉준 장군은 금구 원평에서 각지에 통문을 보내어 군수곡을 수송하도록 지시하였다. 또한 주변의 전주, 여산 등의 관아나 무기소를 습격하여 무장하였다. 10일, 삼례에 모인 동학농민군들이 여산을 습격하여 무기를 모두 가져갔고, 13일 밤에는 8백여 명이 전주성으로 가 군기고의 무기를 가지고 삼례로 돌아왔다.[67] 그러나 아직도 남원의 김개남을 설득하지 못한 것이 마음에 걸렸다. 무장한 동학농민군들이 도처에서 속속 삼례參禮로 모여들었다.

---

67 『주한일본공사관기록』 1, '전주근지 동학당의 관고물품탈취에 관한 보고', 129-31쪽.

5장. 다시 혁명의 대열을 이끌다

전봉준 장군의 결심은 이미 굳어졌다. 그는 일본 군대가 대궐을 점령했다는 소식을 듣고는 통분을 감추지 못했던 것이다. 이제 곧 일본이 속셈을 드러내고 조선을 강점強占하리라는 것을 직감적으로 느꼈다. 그는 이 나라 이 민족이 살 수 있다는 길은 군사를 몰고 서울로 올라가 일전一戰을 겨뤄 일본군을 쫓아내는 일 밖에는 없다고 판단했다.

전봉준 장군은 재판과정에서 이렇게 그 이유를 말했다.

문 : 다시 기포한 것은 무슨 까닭인가
답 : 일본이 개화라고 일컬어 애초부터 일언반사一言半辭도 없이 민간에 전포傳布하고, 한편으로 격서檄書도 없이 군대를 거느려(率兵) 도성都城으로 들어와 한 밤중(夜半)에 왕궁을 격파

하여 주상主上을 경동케 하였다고 하기에, 초야의 사민士民들이 충군애국의 마음으로 강개慷慨하지 않을 수 없어 의로운 병사(義旅)를 규합하여 일본인과 접전하게 되었다.[68]

『전봉준 판결선언서』에도 "피고(전봉준 장군-필자 주)는 일본군대가 대궐에 들어갔다는 말을 듣고 필시 일본군이 아국我國을 병합코자 하는 것인 줄 알고 일본병을 물리치고 그 거류민을 국외로 구축할 마음으로 다시 기병을 도모"하였다고 기록했다.[69]

게다가 일본군이 청일전쟁에서 승리한 뒤 동학농민군을 진압하러 내려올 준비를 한다는 소식까지 접했다. 실제로 8월 중순, 일본군은 평양전투 승

전봉준장군은 삼례에 대도소를 설치하고 재기변에 들어갔다. 2차 삼례봉기기념비(우)와 삼례동학혁명기념탑(좌).

리 후에 무력을 동학농민군 탄압에 돌렸다.[70] 8월 24일에는 친일세력인 개화파까지 동학농민군에 대한 적극적 진압책을 결정한 상태였다. 조선정부는 9월 16일 일본군에 정식파병을 요청했다. 참으로 무능하고 나약한 조선정부였다. 대원군의 밀사도 이 무렵 파견됐던 것이다.

> 외세에 기울어 가는 국운을 통탄한 동학군의 수뇌들이 9월에 전주 삼례에서 회동하여 화전和戰 양론의 대립 끝에 다시 기병을 결정하니 마침내 동학군은 전명숙을 대장으로 하여 손화중孫華仲은 무장에서, 김개남金開南은 남원에서, 김덕명金德明은 금구 원평에서, 차치구와 손여옥은 정읍에서, 최경선은 태인에서, 정일서는 고부에서, 류한필은 함열에서, 오동호는 순창에서, 기우선은 장성에서, 손천민과 이용구李容九는 청주에서 일어나 삼남의 강산과 전국을 뒤흔드니라.(『도전』 1:52:5-6)

9월 재기포

결국 전봉준 장군은 다시 일어설 것을 결심했고, 그것이 소위 '9월 기포'였다. 3월 봉기할 때 함께 활동했던 손화중 이하 진안鎭安접주 문계팔文季八·김영동金永東·이종태李宗泰, 금구접주 조준구趙駿九, 전주접주 최대봉崔大奉·송일두宋日斗, 정읍접주 손여옥孫如玉, 부안접주 김석원金錫元·최경선崔卿宣·김낙철·

---

70 김경수, "갑오농민군의 반일투쟁",『갑오농민전쟁 100돌 기념논문집』, 평양: 과학백과사전 종합출판사, 1994, 125쪽

【최시형】

최시형崔時亨(1827~1898)은 경주에서 출생했고, 동학의 제2대 교주로 초명은 경상慶翔 호는 해월海月이다. 1861년 6월 동학에 입교하여 한 달에 3, 4차례씩 최제우를 찾아가 설교를 듣고 의범儀範을 배웠다. 1862년 3월 최제우로부터 포교에 힘쓰라는 명을 받고 영해·영덕·상주·흥해·예천·청도 등지를 다니며 포교하여 1863년 7월 북도중주인北道中主人으로 임명되었고, 8월 도통을 이어받았다. 1864년 3월 최제우가 처형되자 다음해 1월 평해에서 울진으로 거주를 옮겨 최제우의 부인과 아들을 보살폈다. 같은 해 6월 영양으로 이사한 후 수도에 힘써 1년에 4차례씩 49일간 기도했으며 『동경대전東經大全』·『용담유사龍潭遺詞』를 외워 받아쓰게 하여 교도들에게 전했다. 1871년 영해부에서 이필제李弼濟의 난이 일어나 실패하자, 동학교도들은 심한 탄압을 받게 된다. 그러나 최시형의 입장에서는 영해민란의 실패가 오히려 그를 동학교문의 최고 지도자로 부상하게 하는 결정적 계기가 되었다. 최제우 유족들이 관의 탄압을 받아 처형당하거나 병사함으로써 1875년 이후 제사권을 최시형이 장악함으로써 최시형 중심의 단일지도체제가 확립될 수 있는 조건이 형성된 것이다. 최시형은 1878년 접소接所를 열고 교도들에게 접제接制의 통문通文을 돌려 최제우의 뜻에 따라 도를 펼것을 알렸다. 1880년 5월 인제군에서 〈동경대전〉을 간행했고, 1881년에는 단양 샘골에서 〈용담유사〉를 간행했다. 1884년에는 교장敎長·교수敎授·도집都執·집강執綱·대정大正·중정中正의 육임제六任制를 정하여 교단을 정비했다. 정부는 동학 교세가 급격히 신장되자 1884년부터 한층 가혹하게 박해하였다. 이렇게 되자 최시형은 서학의 혐의를 피하기 위해 '천주'를 '상제'로 바꾸는 중대한 조처까지 내렸다(장영민, 147쪽). 그리고는 강원도 등 산골을 전전하며 신앙의 자유를 얻기 위한 방법을 모색하기 시작했다. 그는 1891년 여름에 많은 교세를 갖고 있었던 금구 태인, 고부, 부안의 교도를 순방한 적이 있다. 1892년 7월 호남의 접주 서인주(서장옥)·서병학徐丙鶴이 찾아와 교조신원운동을 펼 것을 주장하자 처음에는 반대했으나 그 해 11월에 삼례역에 신도들이 모여, 교조신원의 정당성을 주장했고, 12월에는 정부에 상소문을 보냈으며 1893년 2월 서울로 상경하여 광화문 앞에서 복합상소를 올렸다. 1894년 1월 전봉준이 주도한 고부봉기를 시작으로 동학혁명이 일어났으나 처음에는 때가 아니라 하여 반대하였다. 그러나 5월에 전주화약을 맺고 일단 해산한 농민군이 10월 다시 봉기할 때에는 전체 동학교도에게 총기포總起包령을 내렸다. 1894년 12월말 동학혁명이 실패하자 피신생활을 하면서 포교에 힘을 기울였고 1898년 3월 원주 송골에서 체포되어 서울로 압송, 6월 교수형을 당했다.

김세중金世中·송희옥宋熹玉 등과 대세를 의논하고 작전을 모의했다. 동시에 전주·진안·홍덕·무장·고창 등지에 격문도 돌리고 사람을 보내 설득하기도 하였다. 호남 53 군현의 집강소에서 전봉준을 총대장, 손화중·김덕명金德明을 총지휘로 하여 일제히 다시 일어났다.

9월 18일, 그동안 우여곡절이 있었지만 동학의 2대 교주인 최시형이 청산靑山에서 북접에게 기포령을 내렸다. 최시형은 "너희들이 만약 나를 천天으로서 인정한다면 동動함이 가可하다"라 하여 동원령을 내려 남접과 운명을 같이 하기로 결정한 것이다. 동학농민군의 사기는 더욱 충천했다. 북접계통의 동학농민군이 전봉준 장군과 합류할 것이라는 소문이 이미 파다했기 때문이다.

전봉준 장군은 군세를 정비하면서 북상北上 태세를 갖추었다. 태인泰仁을 떠난 전봉준 장군은 전라도의 요충지인 삼례參禮에 대도소大都所를 정했다. 그리고 여기서 봉기 대회를 개최하였다. 일본을 몰아내기 위한 창의倡義, 이것이 삼례봉기의 목적이었다. 일본침략으로 나타난 민족적 위기를 각성하고, 오로지 민족을 위해 죽기를 맹세한 것이다. 여기에 현실적인 불만까지 가세되었으니 그 열기는 가히 짐작할 만했다.

동학의 창도자 최제우는 『안심가』에서 임진왜란 때 당한 치욕을 잊지 못했다. 그래서 만일 또다시 왜(일본)의 재침략이 있을 경우에는 자신이 죽는다 해도 반드시 왜를 응징하리라는 의지를 결심하였다. "내가 또한 신선 되어 비상천 한다 해도 개같은 왜적놈을 하느님께 조화받아 일야에 멸하고서 전지무궁 하여놓고…"교조 최수운의 이 결의를 동학교도들은 잊지 않았다. 동학교도들은 집회 때마다 이 안심가의 구절을 외우고 자주 노래했다. 이제 그날이 다가온 것이다.

> 동학군이 삼례를 떠나 공주公州를 공략하기 위해 은진과 논산 쪽으로 서서히 진군하니 삼례를 떠난 동학군이 머지않아 한성漢城으로 진격한다는 소문이 순식간에 온 나라 안에 퍼져 나가니라.(『도전』 1:54:1-2)

교룡산성.

공주를 향하여

드디어 갑오년(1894) 10월 14일, 전투준비를 끝낸 전봉준 장군은 주력부대와 함께 강경으로 출발하여 진격을 개시하였다. 이틀 뒤인 16일에는 논산에 들어갔다. 전봉준 장군은 서울 진격을 위해서는 먼저 공주를 점령하기로 작정하였던 것이다. 그는 일본군 전력이 막강하다는 것을 잘 알고 있었기 때문에, 험한 산과 강으로 둘러싸인 공주에 먼저 들어가 일본군을 맞아 싸울 계획이었다.

그러나 작전계획에 차질이 생겼다. 일본군과 경군京軍이 공주를 선점해 버렸던 것이다. 각지에 흩어져 있던 동학농민군이 전열을 갖추고 진군하는 동안 시간이 지체되어 버렸기 때문이다. 뿐만 아니라 전봉준 장군의 노력에도 불구하고 동학농민군의 전력도 지역적으로 분할되어 버렸다. 최경선의 동학군은 남쪽으로부터의 일본군 상륙에 대비하여 나주羅州에 주둔했고, 남원

교룡산성내에 있었던 군기터.

에 주둔했던 김개남 부대의 7만여 명[71]은 '합력왕
사合力王事'하자는 전봉준 장군의 제의를 거부하
고 독자적으로 움직였다. 때문에 김개남 부대는
전봉준 장군이 강경으로 출발한 10월 14일에야
뒤늦게 남원을 출발하여 이틀 뒤인 16에 전주에
도착했던 것이다.

> 필성과 더불어 두어 마장을 더 걸어 임실 마근대
> 미(任實 馬近潭) 주막으로 들어가시니 온통 동학
> 군의 소문과 일본의 대궐침범 이야기로 시끄럽더
> 라. …… 두 시간쯤 지나니 길 건너에서 천지를 뒤
> 흔드는 함성이 울리며 인마人馬 소리가 가까이
> 들려오거늘 필성이 밖으로 나가 보니 동학군 수
> 천 명이 '보국안민輔國安民', '척양척왜斥洋斥倭'
> 라 쓴 오색기를 흔들며 혹은 어깨에 총을 메고 혹
> 은 손에 창을 들고
> 행군해 가는데 동
> 학군의 긴 행렬로
> 계곡은 온통 사람
> 의 물결로 뒤덮이
> 니라. …… 당시 동
> 학군의 대본영은

공주의 공산성.

【김개남의 남원 100일 천하】

김개남은 남원성에 입성하여 도망치던 부사 김용헌金龍憲을 생포하고 성을 장악한다. 그는 8월 25일(혹은 27일)에 전라도 지역 동학농민군 7만여 명을 남원에 모았다(『오하기문』;『일성록』 9월 22일조). 이 남원대회는 김개남이 남원을 확고한 근거지로 삼기 위하여 세력을 결집시킨 것이다. 남원대회 몇 일 전에는 천 여 명의 병력으로 남원의 군기고와 교룡산성의 무기고를 습격, 무기를 탈취하여 남원부로 가져왔다. 25일, 김개남이 남원부중으로 들어올 때 환영대열이 80리에 달하였다는 표현이 있을 정도였다. 이로부터 김개남의 남원 100일 천하가 시작된다. 김개남은 협조를 거부하는 수령을 서슴없이 처단하는 등 과감한 무장의 기질을 보이면서 강경노선을 추구했다. "광망포학하기가 여러 도둑 중에서 으뜸이어서 사람들이 호랑이와 이리같이 두려워했다"(『오하기문』 3필)고 했다. 남원에 입성하자 탐관오리들을 징치하고 교룡산성을 증축하여 남원 외각을 튼튼히 하는 한편 구례 화엄사에 식량과 무기를 비축하여 재차 농민운동을 위한 기병에 대비하였다. 그는 남원에 집강소를 설치하고 인근 금산, 무주, 진안, 장수, 용담, 임실, 순창, 구례, 곡성, 담양을 총괄하는 대접주로서의 위세를 떨쳤다. 9월말 2번째 봉기한 전봉준이 남원에서 함께 북상할 것을 요청했으나, "남원을 점령하고 49일을 머물러 있어야 한다"는 참서讖書의 기록을 구실로 출병하지 않았다고 전한다. 그는 지리산 중심의 포병 8,000명을 거느리고 금산·청주를 거쳐 서울로 진격할 계획을 세웠다. 김개남은 11월 10일 남원에서 정예부대 5만명을 이끌고 11월 12일 전주에 재입성하여 전라관찰사 김학진金鶴鎭을 체포하고 3일 동안 전주에 머무르면서 고부군수로 부임중이던 양필환梁弼煥을 참수했고 군비를 정비하여 15일 서울진격에 나섰다. 이 때 전봉준 부대는 공주지방에서 일진일퇴를 거듭하고 있었다. 11월 15일 김개남은 삼례, 논산, 회덕을 거쳐 북으로 서울을 향해서 진군하였다. 그는 한 달여간 금산 일대에 머물렀다. 진잠현을 점령하고 신탄진·회덕을 거쳐 청주를 공격했다. 그가 북상하여 청주를 공격한 까닭은 논산에 집결한 전봉준 부대가 그에게 후원과 연합작전을 계속 요청하였기 때문이라고 보인다. 그러나 화력이 월등한 청주병영의 관군과 일본군에게 패배하여 100여 명의 전사자를 내고 후퇴했다(이달순, 『갑오동학농민혁명의 쟁점』, 집문당, 1994:259-263 참조).

논산에 있고 관군은 충주와 괴산에서 동학군을 토벌한 후 남하하는데 남원에서 기병한 김개남 장군의 일만여 동학군은 관군의 남하를 막기 위해 청주성을 공략하려고 전주에 집결하는 중이더니(『도전』 1:54:6, 10~11, 13~14)

김개남은 창우·재인으로 친위대를 삼고(『오하기문』) 8천 명의 총멘 자들과 함께 피바람을 불러일으키면서 전주성에 입성했다(『도전』 1:55, 56).

어찌되었든 전봉준 장군 휘하의 동학농민군에게 공주를 둘러싼 혈전이 불가피해졌다. 이제 공주는 일본군과 관군의 토벌거점이 되어버렸기 때문이다. 당시 봉기한 동학농민군은 대략 10만에서 20만 정도로 추산되나, 실제 공주전투에 참전한 동학군은 전봉준 장군이 삼례에서 거느리고 간 4천명을 합한 2만명이 그 주력 부대였다. 물론 이 외에 공주를 둘러싼 지역으로, 목천 세성산細城山의 김복용金福用 부대와 옥천沃川에서 공주 효포로 진출한 옥천 포包 부대도 있었다.

이에 비해 공주에 포진布陣한 관군은 충청감사 박제순朴齊純을 중심으로 한 병력이 1만여 명이었고, 뒤의 좌·우선봉군과 합하면 1만 1천여 명이 되었다. 이 안에는 선봉장 이규태李圭泰의 인솔부대 7백 72명, 경리영經理營·순무영巡撫營·좌선봉진左先鋒陣 부대 2,487명, 각지의 영병營兵이 합류하고 있었다. 한편 공주에 투입된 일본군의 군세는 비밀에 붙였기 때문에 정확한 것은 알 수 없으나 대략 정예군精銳軍 약 1천 명으로 추산된다.

> 전명숙 장군의 주력 부대는 10월 말경에 공주를 공략하기 위해 비장한 공세를 펼치니라. (『도전』 1:56:1-4)

동학 농민군은 일거에 공주를 공략하려 했다. 전봉준 장군은 청주淸州와 홍주洪州(홍성)에서 들어오는 동학농민군과 힘을 합쳐 공주를 협공할 계획이었다. 이 때 공주 정면인 우금치 고개(우금치牛禁峙/牛金峙)에는 신식 무기를 가진 일본군이 배치되어 있었다. 우선 전봉준 장군은 공주 진격에 앞서 [72]10월 16일자로 충청감사(박제순)에게 글을 보냈다. 내용은 반일애국反日愛國의 각성을 촉구하고 동학농민군 재기再起의 목적을 천명한 것이다.

> "일본의 도둑이 빌미를 꾸며 군사를 내어 우리의 군부君父를 핍박하고 우리 백성을 흔드니 이를 어찌 차마 다 말하리오. 저 임진왜란 때 능침陵寢을 헐고 궐묘闕廟를 불질렀으며 임금과

---

[72] 그 방어배진防禦配陣을 보면 공주 정면의 요지 이인利仁은 성하영 군軍으로 하여금 지키도록 하고, 우익右翼의 요지인 주봉周峯 및 주봉리朱峯里 방면에는 이기동李基東 군軍을 배치하고 개돌백 부근은 백낙완白樂浣 군으로 하여금 방어케 하고, 공주 배후의 수로水路 효포孝浦는 장용진張容鎭 군으로 하여금 수비케 하였다. 그리고 공주 좌익左翼의 요지인 금학동金鶴洞은 오상성吳尙成 군으로 하여금 막게 하고, 대군을 영솔하고 있던 구상조具相助는 좌익의 능치를 지키고 있었다.

어버이를 욕보이고 수많은 백성을 살륙하여 신민이 함께 통분
함은 천고에 잊지 못할 원한이다. …… 지금 조정의 대신은 망령
되이 구차하게 살아보려는 마음이 생겨서 위로는 군부를 협박
하고 아래로는 백성을 속여 일본 오랑캐와 배짱을 맞추어 남쪽
백성에게 원망을 불러오고 망령되이 친병親兵을 움직여 선왕
先王의 적자를 해치고자 하니 진실로 무슨 뜻인가?"[73]

이제 동학혁명은 본격적인 클라이막스에 다가서고 있었다.
그러나 증산상제는 이 싸움의 결과를 미리 내다보고 만류하였
다. 7월에는 깊은 명상에 잠긴 뒤에 동학군의 운명을 예시하
는 옛 시 한 수를 읽어 주었다.

어두운 달밤에 기러기 높이 나니
선우가 밤을 타서 도망하는구나.
경기병 이끌고 뒤쫓으려 할 적에
큰 눈 내려 활과 칼에 가득하도다.
月黑雁飛高하니 單于夜遁逃라
欲將輕騎逐할새 大雪滿弓刀라 (『도전』1:51)

---

73 '전봉준의 상서'『黃海道東學黨征討略記』(이이화,『발굴 동학농민전쟁
인물열전』, 310쪽 ;『1984년 동학농민전쟁연구 5』, 196쪽. 유회군儒會軍을
결성하여 농민군과 연합하고자 했던 공주의 이유상이 전라감사 민준호에
게 "왜를 토벌하여 나라에 충성하자" 제의한 것이나, 충청감사 박제순에게
"청나라를 막으려 하는가, 일본을 막으려 하는가, 의병을 막으려 하는가. …
의병을 막으려 한다면 그 계책인 잘못된 것"임을 역설(공주창의소의장근상
서우순상각하), 예천농민군이 "조선사람과 조선사람이 서로 '害하지 말고
함께 일본사람을 몰아내자"고 했던 것을 들 수 있다.

사람들에게 동학군이 겨울에 이르러 패망할 것을 일러 주며 "동학에 들지 말라"고 권유했던 것이다. 또 10월 태인 동골에 가 동학 접주接主 박윤거朴允擧를 방문한 자리에서도 "내가 여기에 온 것은 장래의 대세를 전하고자 함이라. 지난 4월에는 동학군이 황토재에서 대승을 거두었으나, 이번에는 겨울에 이르러 전패할지라. 그대가 접주라 하니 더 이상 무고한 생민들을 전화戰禍에 끌어들이지 않기를 바라노라" 하여 동학군에게 비극의 운명을 경계하였다. (『도전』 1:53)

뿐만 아니라 공주 공격을 목전에 둔 이 때도 몰살의 위기에 처한 동학군의 운명을 내다보고 곧장 공주에 있는 전 장군의 진영을 찾아가 "무고한 백성들만 죽이고 절대 성공을 못 하니 당장 전쟁을 그만두시오" 하고 강권하기 까지 했다. 그러나 전명숙은 외세를 몰아내고 탐관오리를 물리쳐 도탄에 빠진 백성을 구하고자 하는 일념뿐이었다. 때문에 어떠한 이야기도 귀에 들어오지 않았다.(『도전』 1:56)

세성산 전투

전봉준 장군은 20일에 동학농민군의 주력부대를 경천점敬川店 방면으로 진격케 하였다. 이 때 공주 공방전의 전초전은 목천 세성산에서 일어났다. 목천 세성산은 공주와 청주로부터 서울로 봉하는 요충지였다. 이 세성산의 요새지에는 김복용金

福用의 동학농민군 부대가 자리하고 있었다. 당시 공주의 관군은 '목천 세성산의 적은 복심의 근심이 된다(木川細城之賊爲腹心之憂)'는 측과 '만약 공주를 잃으면 호서의 모든 성을 잃는다(若錦營一擾 則湖西全省 便非我有地)'는 측으로 나뉘었다. 그러나 결국 일본군 일부와 관군의 이두황 부대가 세성산을 먼저 공격하기로 결정하였다.[74]

세성산의 동학농민군 부대는 산 정상에 진지를 구축하고 암벽 사이에 진막陣幕을 쳤다. 산의 지형도 남·동·북은 험준하고 서쪽만이 조금 평평하여 난공불락의 견고함을 지니고 있었다.[75] 드디어 10월 21일(양력 11월 11일) 세성산에서 전투가 시작되었다. 일본군과 관군은 동북과 동남에서 기습했고, 공격을 받은 동학농민군이 필사적으로 저항했으나 자신들보다 우월한 화력火力을 이기지 못했다. 결국 수많은 사상자를 내며,

---

74 만일 이때 세성산의 웅거한 동학 농민군이 정예 부대인 호남의 남접 농민군의 후원을 얻어 그 길로 즉시 북상하였더라면 서울이 큰 위협을 받았을 것은 두 말 할 것도 없었다. 그러나 남·북 합작에 너무나 시간을 끌었다. 그런데 만일 관군으로부터 먼저 공격을 받아 이곳 세성산이 함락된다면 이는 또한 동학군 사기에 중대한 영향을 미치게 되는 것이었다.

75 이러한 관계로 이미 천안天安까지 진주한 순무 선봉장의 이규태는 하루라도 속히 목천 세성산에 웅거한 농민군을 공격하려 하였으나 합동 작전을 펼 일본군이 해로海路인 내포內浦 방면으로 병력을 투입하여 홍주로 진격하였기 때문에 관군은 한동안 관망할 수 없었다. 이 때 내포 방면으로 진격한 일본군과 관군은 예산禮山·덕산德山의 동학 농민군을 합류케 한 다음 한꺼번에 이들을 공격할 계획이었다.

세성산은 함락되고 말았다.[76]

  비록 전봉준 장군이 직접적으로 인솔한 부대는 아니었지만 세성산 전투의 패배 소식은 동학농민군에 실망을 안겨줬다. 이제껏 전투에서 패한 적이 없었고 더욱이 이번 봉기에서 첫 전투이니 만큼 더욱 그랬다. 전봉준 장군이 지휘하는 동학농민군은 10월 22일부터 공주성 공격을 개시하였다. 동학군은 공주 남방 10여 리 되는 효포孝浦를 위협하고, 옥천의 포包 부대도 효포로 전진하면서 공주성을 위협해 들어갔다. 10월 23일 이른 아침부터는 이인역利仁驛에서 전투가 이루어져 동학농민군이 큰 승리를 거두었다. 농민군은 산에서 대포大砲로 맹공격을 퍼부어 일본군과 관군을 공주 웅치熊峙로 격퇴시켰다. 이 전투에서 관군은 120명의 전사자와 3백 명의 부상자를 내고 후퇴하였다. 이 때 김개남 부대는 금산錦山을 점령했다.

  25일에 이르면서 싸움은 최고 절정에 달했다. 24일과 25일 이틀 동안에는 효포 월성산月城山에서 격전이 있었다. 이 싸움은 이인 전투의 연장전이었다. 10월 24일, 동학농민군의 1개 부대는 성하영成夏永이 거느린 관군을 격파하고 그 길로 공주 감영 뒷산의 봉황산鳳凰山을 포위했다. 그러나 다음 날인 25일

---

76 산성에서 끝까지 저항한 효장驍將 김복용은 중군 김영우金永祐·화포장火砲張 원금옥元金玉과 더불어 관군에 체포되어 총살을 당하고, 포로 17명과 770명의 사상자를 내는 굳센 저항을 보였다.

에는 전봉준 장군이 지휘한 동학농민군이 패하여 경천점으로 퇴각했다. 이렇듯 공주성을 둘러싼 양측의 피비린내 나는 공방전이 계속되었다.

우금치 전투

그러나 이 싸움의 결정판은 우금치 전투였다. 경천점까지 후퇴했던 전봉준 장군은 1주일 정도 걸쳐 전선戰線을 재정비한 후 11월 2, 3일에 다시 공세로 나섰다. 8일에는 동학농민군 수만 명이 경천점에서 나와 포를 쏘며 진군하자 관군이 우금치로 후퇴하였다. 이날 일본군도 우금치로 왔다. 다음날인 9일 전봉준 장군의 동학군은 우금치를 향해 총공격하였다. 그러나 동학군이 죽음을 무릅쓰고 공격을 퍼부었으나 이미 유리한 고지를 차지하여 대포와 총을 쏘는 일본군과 관군을 뚫을 수 없었다. 일본군의 강력한 포격으로 동학농민군이 당한 피해는 막심했다.

일본의 『관보』(1894. 11. 29)는 "일본군과 관군이 산등에 올라서 일제히 총탄을 퍼붓고 다시 안쪽으로 몸을 숨기고 적(동학농민군-필자 주)이 고개를 넘고자 하면 또 산등에 올라 총탄을 퍼붓는다. 이렇게 하기가 40~50차례나 되니 쌓인 시체가 산에 가득 찼다"고 기록하여 당시 상황을 전하고 있다. 결국 피비린내 나는 우금치 고개의 공방전은 일본군의 막강한 화력 앞에 동학농민군의 패배로 막을 내렸다. 동학군은 노성魯城·논산 방면으로 후퇴하였다.

> 필성이 종군한 김개남 부대는 전주를 떠나 청주를 향하여 북상하는 길에 여산礪山에서 잠시 머물러 쉬거늘 …… 김개남 부대는 행군을 계속하여 진잠鎭岑을 지나 태전太田 유성장터에서 하루를 쉬니, 이는 다음날부터 청주성을 공략하기 위함이라.(『도전』 1:57:1, 5)

10일에는 뒤늦게 진군한 김개남 부대 5천여 명이 금산 쪽에서 들어와 진잠鎭岑을 공격·점령했다. 11일에는 청주로 가기 위해 회덕·신탄진 쪽으로 출발하였고 청주성 부근까지 이르렀다. 증산상제도 이 전투가 불리하여 닥칠 비극의 운명을 염려하면서 김개남 부대를 좇고 있었다(『도전』 1:57, 58). 김개남 부대가 청주 병영 앞 산골에 이르자 갑자기 좌우에서 복병이 나타나 포화를 퍼부어 많은 동학군이 쓰러졌다. 결국 김개남이 이끈 동학군 1만 5-6천 명은 청주전투에서 패하여, 13일 다시 신탄진 방면으로 퇴각, 진잠·노성을 거쳐 논산으로 후퇴하였다.

진잠에서도 격전 끝에 많은 동학군이 전사했고(『도전』 1:59) 논산을 지나 여산 읍내를 지나던 농민군들은 모두 읍내 사람들에게 옷을 빼앗기고 벗은 몸으로 흩어져 갔다. 이는 지난번

동학군과 일본군이 치열한 전
투를 벌였던 우금치고개.
멀리 보이는 곳이 공주시이다

충남 공주시 금학동 소재의
우금치 기념탑.
여기서 사오십여 차례
공방전이 있었으나
패배의 한이 서린 곳이다.

에 동학군들이 북상할 때 그 사람들의 옷을 **빼앗은** 데 대한 보복이었다(『도전』 1:60).

한편 우금치 전투에서 패한 전봉준 장군은 11월 12일, 관군과 백성들에게 함께 일본군을 격멸하여 나라의 위기를 구하자고 동도창의소의 이름으로 다시금 호소문을 보냈다.

> "기실은 조선끼리 서로 싸우고자 하는 바가 아니거늘 이와 같이 골육상전하니 어찌 애닯지 아니하리오. ┄┄ 일변 생각건대 조선사람끼리라도 도道는 다르나 척왜斥倭와 척화斥和는 그 의義가 일반이라. 두어 자 글로 의혹을 풀어 알게 하노니 각기 돌려보고 충군애국의 마음이 있거든 곧 의리로 돌아오면 상의하여 같이 척왜 척화하여 조선이 왜국이 되지 아니케 하고 동심협력하여 대사를 이루게 하올세라."[77]

그러나 이미 일본군의 통제 밑에 들어간 관군의 마음을 돌릴 수는 없었다. 전봉준 장군은 앞날을 기약하면서 통분의 눈물을 흘리며 퇴각하였다.

"우리 동학당의 군은 훈련이 안되어 있고, 무기는 완구玩具적인 것이다. 사람과 무기, 모두 정예한 일본병에 비길 수 있다고는 본디 믿지 않았지만, 임금이 굴욕을 당하면 신하는 죽

---

[77] 「告示京軍與營兵吏校市民」(이이화, 『발굴 동학농민전쟁 인물열전』, 312쪽 ; 『1984년 동학농민전쟁연구 5』, 197쪽.

는 법, 죽음을 당하고서 끝낼 결심을 하고 일어섰다."[78] 전봉준 장군은 처음부터 혁명의 결말을 알았던 것일까. 동학농민군은 결국 패하고 말았다. 9월부터 시작된 혁명의 불길이 꺼지면서, 전봉준 장군은 분루憤淚를 삼켰고, 흉중胸中에 품었던 뜻도 좌절되어 버렸다.

---

78 '동경조일신문' 1895.3.5.(『사회와 사상 1』, 1988, 257쪽 ; 『1984년 동학농민전쟁연구 5』, 147쪽).

전봉준 재판기록 중에서

"일본이 개화를 핑계대고 처음부터 한마디 말도 민간에 알리지 않고 또 격서도 없이 군사를 거느리고 우리 도성에 들어와 왕궁을 부수어 임금을 놀라게 하였다 하기에 초야의 사민들이 임금께 충성하고 나라를 위하는 마음에 개탄스러움을 참을 수 없어 의병을 모아 일본과 싸워서 그 사실을 따지고자 함이다"

전봉준 대장이 충청감사 박제순에게 보낸 편지중에서

지금 나라가 어지러울 때 스스로 마음을 속이며 어찌 일순간이라도 명을 보존할 수 있겠는가, 일본 침략자들이 구실을 만들어 군대를 동원해 우리 임금을 핍박하고 우리 백성을 어지럽히니 어찌 그대로 참을 수 있겠는가. (중략)

각하께서도 크게 반성하여 의(義)로써 죽음을 같이하면 천만다행이겠다"

6장. 큰 시련과 좌절,
그리고 피노리의 변

동학군은 공주 우금치 전투와 청주 전투에서 패배를 당하고 이를 고비로 후퇴를 거듭하면서도 다시 전열을 가다듬어 전세를 만회하려 하였으나 일본군과 관군과 민보군民保軍이 후퇴하는 동학군을 추격하고 색출하여 닥치는 대로 학살하니 곳곳에서 피비린내 나는 살풍경이 벌어지니라.(『도전』 1:61:1-2)

동학군의 후퇴

전봉준 장군의 동학농민군 주력 부대는 노성魯城을 거쳐 논산으로 후퇴하였다. 모리오森尾雅一 일본군 대위가 거느린 1개 소대와 동위영병 1개 대대와 기타 영병 2백 명의 관군은 시간적 여유를 주지 않고 11월 14일부터 추격을 시작했다. 14일

당일에는 연산連山에서 싸움이 있었고, 다음날인 15일에는 노성 봉화대烽火臺와 논산 소토산小土山 고지 그리고 논산 황화대黃華臺(논산 서남 1천 5백 미터 지점)에서도 전투가 치러졌다. 동학농민군이 모두 패하여 후퇴를 거듭하였다.

한편 청주로 향했다 패해 후퇴하던 김개남 포의 5천여 동학농민군은 11월 12일 다시 진잠현으로 들어가 총기 30정과 마필 4두를 탈취했다.[79] 그리고 17일에는 전봉준 장군과 강경에서 만나 관군과 싸웠으나 패해 두사람은 각기 흩어져 퇴각하였다. 23일에는 전주에 있던 전봉준 장군의 동학군도 금구金溝 원평院坪 등지로 후퇴했다.

> 동학군은 11월 25일 원평 접전과 27일 태인 접전에서 연패하여 전군이 모두 흩어지니 이로부터 동학군이 전국에서 닥치는 대로 피살, 포살되니라.(『도전』 1:62:1-2)

전봉준 장군은 후퇴한 5백 명을 중심으로 새로이 동학농민군의 전열을 가다듬었다. 일전을 겨뤄 전세를 돌려보고자 함

---

[79] 이 이외의 공주 우금치 패전 후 호서·호남에서 막강한 일본군과 벌인 동학군의 최후 혈전으로는 12월 3일(양력)의 영동 양산촌梁山村전투, 12월 5일 금산현 부근 전토, 12월 5일의 청산 문암文岩전투, 12월 9일의 청주淸州전투, 12월 10일의 여산礪山전투, 12월 11일의 지면촌智面村 전투, 12월 12일의 진안현鎭安縣 전투, 12월 13일의 율곡읍 전투, 12월 14일의 고산현高山縣 전투, 12월 18일의 대둔산大屯山전투, 1895년 1월 13일(양력)의 종곡鍾谷 전투 등이 있다.

이었다. 전 장군은 금구 원평과 태인泰仁 석현점石峴店에서 최후의 항전대를 조직하였다. 결전 장소는 태인의 삼산三山이라는 성황산城隍山·간가산間加山·도리산道理山으로 택했다. 산은 셋이나 봉우리는 아홉 개인 곳이었다.[80] 8천여 명의 동학농민군은 이곳 일대에 최후 항전의 깃발을 꽂았다. 11월 25일, 양측은 여기서 최후의 결전을 벌였다.

그러나 전봉준 장군은 동·서 양쪽으로 밀려오는 관군과 일본군의 공격을 막아내지 못했다.[81] 이 태인 전투를 마지막으로 동학혁명의 불길은 완전히 꺼지고 말았다. 대세는 기울었다. 그동안 양측의 눈치를 보던 무리들이 여기 저기서 일어나 동학농민군을 찾아내 잡아죽였다.

> "동학군이 패하고 관병이 이긴(勝) 시기를 타서 조선팔도에 여섯 도(六道) 이상은 곳곳마다 모두 수성군守城軍의 천지가 되어 동학군을 모조리 잡아죽이는 광경이었다. 동학군이 성盛하던 시기에는 모두가 동학군이라고 칭하던 것들이 동학군이 패하자 모두가 수성군으로 바뀌고(化) 말았다. 이러한 인물들은 ···· 소위 말마디나 글자나 한다고 하는 자 중에서 많이 나

---

80 이 때 대관隊官 윤희영尹喜永, 교장敎長 이경진李景振이 거느리는 90명의 관군과 20명의 일군은 산을 향하여 서쪽 길로 공격하고 대관隊官 이규식李圭植, 교장敎長 오순영吳順永·장세복張世福·양기영梁起英이 거느리는 140명의 관군과 20명의 일군은 동쪽 길로 향하여 공격하였다.

81 이 전투에서 농민군 50여 명이 체포되고 40여 명이 전사하였다. 그리고 회룡총回龍銃15정, 조총鳥銃 2백 여 정, 말 6필과 많은 탄환을 빼앗기게 되었다.

왔다."[82]

아! 피노리의 변

갑오년(1894)도 저물고 있었다. 정월부터 시작되어 전국을 진동시켰던 혁명의 물길도 가라앉았다. 태인 전투에서 패한 전봉준 장군은 상황을 파악하고 새로운 준비를 모색하기 위해 서울로 상경하려 했다. 그는 몇 명의 부하와 함께 정읍 입암산성을 거쳐 갈재를 넘어 순창 피노리避老里(전북 순창군 쌍치면 소재)에 있는 이전 부하 김경천을 찾아갔다.

전봉준장군이 체포된 피노리.

그러나 전前 날 신망하던 부하가 오늘의 적이 될 줄 누가 알았으랴! 아니면, '장래 백만대중의 우두머리가 되어 천하에 이름을 떨치게 될 것이나 경천을 조심하라'는 점괘[83]에 따라 충청도의 경천京川이란 시냇가를 넘자 안심했던 것일까. 김경천은 전봉준 장군 일행을 반가이 맞아 길가 주막으로 안내한 후 저녁밥

---

82 『동학사』, 167쪽 ; 『1984년 동학농민전쟁연구 5』, 213쪽.

83 떠도는 이야기로 전봉준은 점술에 능통했다 한다. 이와 얽힌 이야기로 공주성을 공략하기 며칠 전 대쪽으로 점괘를 보니 '계룡산의 경천을 조심하라'는 괘가 나와 이 괘가 계룡산 남쪽 경천(지명)을 뜻하는 것이라 생각하고 이곳의 공격을 주저하다 공주성에 들어가는 시각이 늦어졌고 결국은 패하는 요인이 되었다고도 전한다.

을 시켜 놓고 가까운 같은 마을에 사는 전주 퇴교
全州退校 한신현韓信賢에게 달려가 밀고하였다. 갑
자기 포위된 속에서 전봉준 장군은 탈출을 시도
했으나 붙잡히게 되었다. 그날이 12월 2일 밤이
었다.

> "전명숙이 이곳에서 잡혔는데 사명기同命旗가 없
> 어 한을 품었나니 이제 기를 세워 해원시키려 하
> 노라."(『도전』 5:178:5)

　사명기가 없다! 사명기는 임금이 각 영의 대장
에게 내리는 지휘다. 백의한사인 전명숙에게

전봉준장군이 체포된 피노리.
잡힐 당시 모습이
재연 되어 있다.

2008/04/10

사명기가 있을 리 만무하다. 때문에 전명숙은 깊은 한을 품은 것이다. 후일 인간 삶의 무대인 역사 현실에 뛰어든 증산상제는 직접 사명기를 세워 주었다. 살아서 군왕으로부터 받지 못한 사명기를, 죽어서 우주의 통치자 상제로부터 받게 된 것이다.

증산상제는 직접 사명기를 꽂아줌으로써 전명숙의 울분과 원한을 풀어주었다. 따라서 이를 통해 전명숙에 대한 일체의 편견과 오해를 불식케 되었다. 뿐만 아니라 동학혁명은 비록 좌절되었지만 상제의 천명으로 후천개벽의 문을 열어논 것으로 자리매김되었다. 천지역사를 바로 세우는 일, 그 문을 연 것이 동학혁명이었다.

공교롭게도 같은 날(12.2), 김개남도 옛 친구 임병찬의 밀고로 체포되어, 전주감영으로 압송되었

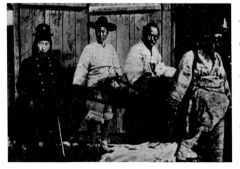

전봉준장군이 체포되어 호송되는 모습.

다. 전라관찰사(이도재)는 그를 심문하다 기개와 서슬에 깜짝 놀라 당초 서울로 이송하려던 계획을 포기하고 전주성 풍남문 밖 사형장에서 곧바로 처형해 버렸다. 『오하기문』에

전하는 그의 최후는 매우 비통했다. 목을 베고 배를 갈라 간을 큰 동이에 담았고, "원수진 집안에서 다투어 간을 씹고 인육을 나누어 제사를 지냈다"(仇家爭啖之 分其肉以祭)고 할 정도였으니.[84] 이처럼 큰 별들이 하나 둘 말없이 사라져 갔다. 동학 농민군도 일본군의 가혹한 토벌로 삼남 일대에서만도 약 30만 명 이상이 학살당하였다.[85]

한편 전봉준 장군은 체포된 뒤 일본군에게 넘겨져 전주와 공주를 거쳐 12월 18일 서울로 압송押送되었다.

나는 본다
들것에 실려 서울로 압송되어 가는 그의 얼굴에서
두 개의 눈을 본다
양반과 부호들에 대한 증오의 눈과
가난한 민중에 대한 사랑의 눈을.[86]

필자는 하나를 눈을 더 추가하고 싶다. '다시개벽으로 열릴 새로운 세상에 대한 원망願望의 눈'을. 전봉준은 서울에서 일본 공사관 감방에 갇혀 1895년 2월 9일부터 3월 10일까지 다

---

84 『동학농민혁명 100년』 : 362.

85 혁명의 지도 주장(指導主將)들이 이와 같이 처형돼 간 반면, 동학 혁명을 유발시킨 원흉元凶인 조병갑趙秉甲·김문현金文鉉·이용태李容泰·조필영趙弼永 등은 이 해 7월에 방면放免된 것으로 그치고 말았다

86 김남주, 「녹두장군」『조국은 하나다』, 남풍, 1988, 169쪽.

【전봉준 장군의 담력】

집강소 설치 당시 전봉준 장군의 기상과 담력을 볼 수 있었던 하나의 사건이 있었다. 나주, 남원, 운봉에는 처음에 고을원들의 반대로 집강소가 설치되지 못했던 것이다. 전봉준은 최경선에게 군사 3,000명을 주어 나주를 공격·점령하게 하였으나 성과가 없자 부하 몇 명만 거느리고 찾아갔다. 그는 주저함이 없이 동문으로 들어가 목사의 관사에 이르렀다. 관속들이 크게 놀라고 목사는 당황하여 일어서며 "손님은 어떤 사람이요?" 하고 물었다. 전봉준은 "나는 동학군 대장 전봉준이다"라고 대답하였다. 목사가 당황하여 말을 못하자 전봉준은 "주관은 괴이하게 생각지 말라. 군도 조선 사람이요, 나도 또한 조선 사람이다. 조선 사람으로 조선 사람 대하기를 어찌 이와 같이 섭섭하게 하는가! 지금 우리나라는 외세가 독한 손을 내밀어 침략을 꾀하고 있고 국정은 나날이 그릇되어 가니 나라의 존망이 목전에 다다르고 있는데 군은 아오, 모르오. 어서 빨리 꿈에서 깨어나오!" 하고 큰소리로 추상같이 외쳤다. 목사는 전봉준의 기상과 담력에 기가 질려 머리를 떨구고 그의 말을 듣기만 하였다. 이처럼 전봉준의 대담한 유세로 견고한 나주성은 한 사람의 사상자도 내지 않고 농민군의 수중에 장악되게 되었다.

섯 차례 법정심문을 받았다.[87] 그 과정에 전봉준 장군의 불굴의 투지와 기개에 감복한 일본인들이 그를 회유하고자 갖은 수단을 다 사용하기도 했다. 그러나 전봉준 장군은 꿋꿋하였다. "구구한 생명을 위해 살 길을 구함은 내 본의가 아니다"라고 한 마디로 일축해 버렸던 것이다. 다만 "정의를 위해 죽는 것은 조금도 원통한 바 없으나 오직 역적의 이름을 받고 죽는 것이 원통하다"고 대성일갈大聲—喝했다.[88]

'동학당의 머리'라 적혀 있는 당시의 처형모습.

1895년 3월 29일, 전봉준 장군에게 교수형이 내려졌고 손화중·최경선·김덕명·성두한成斗漢과 함께 처형당했다. 장군의 나이 41세였다.

증산께서 조선의 민중들에게 큰 시련과 좌절을 안겨 준 슬픈 겨울을 보내고 스물다섯 살의 봄을 맞

---

87 전봉준은 5차의 심문을 받았거니와 그 제1차 심문은 1895년 2월 9일(음력)에, 제2차 심문은 동년 2월 11일(음력)에, 제 3차 심문은 동년 2월 19일(음력)에, 제4차 심문은 동년3월 7일(음력)에, 제5차 심문은 동년 3월 10일(음력)에 각각 받았다.

88 『동학농민혁명 100년』, 360쪽.

으시니라. 그러나 따뜻한 봄날에 차가운 비극의 소식을 들으시니, 채포당한 김개남, 김덕명, 전명숙, 손화중, 최경선 등 동학의 거두들이 삼사십 대의 젊은 나이에 비참한 최후를 맞이했다 하니라.(『도전』 1:62:3~4)

7장. 전명숙의 이름을 해하지 마라

광구천하의 길

무엇 때문일까
백년 전에 죽은 그가 아니 죽고
내 안에 살아있는 것은
내 가슴에 내 핏속에 살아 숨쉬고
맥박처럼 뛰는 것은[89]

증산상제가 염려했던 대로 동학혁명은 60만 명의 무고한 인명을 죽게 했으면서도 성공도 못한 채 끝을 맺었다. 전봉준 장군도 패장敗將이 되어 처형 당했다. 한바탕 휩쓸고 지나간 혁명의 뒤안길은 처참하였다. 동학혁명 이후로 국가 운영은 더

---

89 김남주, 「녹두장군」 『조국은 하나다』, 남풍, 1988, 169쪽.

욱 부패하였다. 벼슬아치들은 다시 혁명전과 마찬가지로 포학暴虐과 토색을 일삼았고 모든 학學과 교敎는 참된 덕을 잃어 온갖 폐단을 낳았던 것이다. 조선정부의 주축이었던 선비는 제구실을 못하고 허례만 숭상했으며, 불교는 혹세무민에만 힘쓰고, 그리고 새롭게 들어온 서교西敎는 세력을 신장하기에만 급급했다. 그뿐만이 아니었다. 신교와 천명을 받아 새로운 소식을 알렸던 동학도 혁명이 실패한 후 기세를 펴지 못하여 거의 자취를 감추어 버렸다. 당연히 동학혁명 직후의 세상은 불안과 두려움으로 가득차게 되었다. 인심은 날로 각박해져 갔고 백성들은 고난과 궁핍에 빠져 안도할 길을 얻지 못하였다.

근심어린 눈으로 지켜보던 증산상제는 마침내 광구창생의 큰 뜻을 품었다. 증산상제는 뜻을 이루기 위해, 먼저 유·불·선, 음양 참위讖緯를 비롯한 모든 글을 읽고 천하유력天下遊歷의 길을 떠나 세태와 인정도 직접 체험했다. 민심과 풍속을 살피고, 명산대천의 지운地運과 기령氣靈을 관찰하였다. 실로 만고萬苦를 체험하고 만상萬相을 직접 둘러보았던 것이다. 그러나 19세기 말의 세상은 원한이 얽히고 설켜 희망과 미래가 보이지 않았다. 원한 덩어리가 된 세상은 폭파되기 직전이었다. 발전하는 과학과 기술도 속수무책이었고 오히려 그 교만과 잔포는 설상가상으로 혼란만 더욱 부채질했다. 증산상제는 이처럼 폭발지경에 놓인 세상을 가만히 두고 볼 수가 없었던 것이다.

"내가 혼란키 짝이 없는 말대末代의 천지를 뜯어고쳐 새 세상을 열고 비겁否劫에 빠진 인간과 신명을 널리 건져 각기 안정을 누리게 하리니."(『도전』 2:42:2-3)

증산상제는 진멸상태에 놓인 세상을 구하기 위해 하늘과 땅을 개벽하고, 동시에 신명계의 질서를 새롭게 바꾸려 했다. 신명들의 개입 없이 개벽이 저절로 이루어지고 후천 세상이 도래하는 것이 아니다. 우주의 이법은 신명들을 통해 현실로 구현된다. "천지개벽을 해도 신명 없이는 안 된다"(『도전』 2:44)는 말에서 이러한 신도神道적 차원의 필요성이 분명하게 나타난다. 이렇게 증산상제는 병든 하늘과 땅을 뜯어고쳐 새 천지를 열려고 하였다. 이 일이 곧 천지공사天地公事다. 인간과 만물을 병들게 하는 상극질서를 상생의 새 우주로 개벽하는 일이다. 천지공사는 선천 상극의 세상을 종결짓고 후천 상생의 새 세상을 여는 일인 것이다.

1901년, 증산상제는 "모든 것이 나로부터 다시 새롭게 된다."(『도전』 2:13:5)고 선언했다. 새로운 하늘 땅의 역사! 인류 역사상 전무후무한 '천지공사'의 시작을 알리는 선언이었다. 천지의 신명들과 함께 천지공사를 계획·집행하였다. 그들과 더불어 우주 질서와 인간 역사를 바로잡는 일이었기 때문이다. 새로운 세상을 건설하는 청사진이 그려졌다. 지금까지 세상은 상극의 이치가 지배하였기 때문에 수많은 원과 한이 끊임없이 만들어졌다. 그 결과 온 하늘과 땅, 그리고 인류가 진멸상태의 위기에 빠졌다. 증산상제는 이렇듯 인류에게, 특히 절망의 수렁에 빠져 허우적 거리는 조선민족에게 희망의 세상을 이야기하였다.

> 내가 천지를 개벽하고 조화정부를 열어 인간과 하늘의 혼란을 바로잡으려고 삼계를 둘러 살피다가 너의 동토에 그친 것은 잔피屠疲에 빠진 민중을 먼저 건져 만고에 쌓인 원한을 풀어 주려 함이라.(『도전』 3:184:10-11)

증산상제는 우선 조화정부를 열고 일곱성령(七聖靈)을 임명하여 인간과 하늘의 혼란을 바로잡아 나갔다. 전봉준 장군은 이 조화정부를 주도하여 조화선경을 열어가는 칠성령의 한 장군이 되었던 것이다. 이 장부터는 지금까지 살펴본 동학혁명을 이끈 전봉준 장군의 공덕을 정리해 보겠다. 이것은 상식적 평가와는 달리 증산상제가 인정한 공덕을 말한다.

동학과 참동학

'시천주' '보국안민' '광제창생'의 기치를 들고 혁명을 이끌었던 녹두장군 전봉준, 그는 가슴에 품었던 원대한 포부를 실현하지 못하고 교수대의 이슬로 사라졌다. 하지만 그의 혁명은 대변혁의 시발점이 되었다. "벼슬없는 가난한 선비로 일어나 천하의 난을 동動케 한 자는 만고에 오직 전명숙 한 사람

뿐이니라."(『도전』4:11:3) 이렇듯 증산상제는 전봉준 장군과 동학혁명을 높이 평가하였다. 전봉준 장군이 이끈 동학혁명은 선천말세의 모든 전쟁의 근원이었고, 새로운 역사를 시작하는 출발점이었던 것이다.

그런데 동학혁명이 시작될 때부터 증산상제는 혁명을 비판적으로 바라보고 있었다. 전봉준 장군을 찾아가 거사하지 말 것을 종용하는가 하면, 동학혁명이 진행되던 와중에도 종종 전쟁터를 찾아가 참여하지 말 것을 사람들에게 알리기도 했다. 이런 오해 가능성이 있는 이중적 태도를 보인 증산상제의 참뜻은 무엇이었을까? 증산상제는 전봉준 장군이 동학혁명을 일으키려 할 때 '아직 때가 아니고' '애매한 백성들이 많이 죽을 것'을 염려하여 제지하였다. 이는 증산상제의 새로운 역사 이루기에 대한 생각(역사관)과 그 방법이 달랐고 전봉준 장군은 이를 이해하지 못했던 것이다.

증산상제는 조선을 비롯한 동양 각국이 서양 제국주의 열강의 폭압에 침몰해 갈 무렵, 신교神敎 또한 권위를 잃고 그 명맥이 희미해지자 동방의 이 땅에 이름 없는 한 구도자를 불러 세워 신교의 도맥을 계승하고 후천개벽으로 새 세상이 열릴 것을 선언토록 하였다. 그가 바로 수운 최제우였다. 증산상제는 수운이 성경신이 지극하기에 천강서天降書를 내렸고, 경신년(1860)에는 천상문답을 통해 수운에게 주문을 내리고, 후천개벽의 새 세상이 열릴 것을 온 천하 사람들에게 가르치라는 천명을 내렸다. 증산상제가 이 동방 땅에서 수운을 불러 세상에 펴도록 한 천명의 핵심은 두 가지로 요약된다. '천주님의 동방 땅 조선강세'와 '후천개벽으로 열리는 새 생명세계'를 알린 것이다(『도전』 1:8:23). 이에 따라 수운은 상제(천주)를 위하는 글을 짓고 사람들에게 상제를 위하도록 가르치기 시작하였다.

수운이 천명과 신도를 받들어 동학을 창도한 지 얼마 되지 않아 동학은 경상도 일대에 널리 퍼졌다. 그 급속한 전파에 불안을 느낀 조정에서는 수운을 체포하였다. 1864년 3월, 수운은 동학이 서양의 요사한 가르침을 그대로 옮겨 이름만 바꾼 사술邪術이며 서학과 다를 것이 없다는 죄목으로 대구 장대에서 형장의 이슬로 사라졌다. 수운이 죽은지 8년이 지난 1871년, 상제는 스스로 인간으로 왔다.

> "조선 조정이 제우를 죽였으므로 내가 팔괘 갑자(八卦甲子)에 응하여 신미辛未(1871)년에 이 세상에 내려왔노라."(『도전』 2:94:7)

수운에게 한계가 있었다. 그것이 바로 증산 상제의 강세와 얽히고설킨 코드요 복선이었다.

> "최수운崔水雲에게 천명天命과 신교神敎를 내려 대도를 세우게 하였더니 수운이 능히 유교의 테 밖에 벗어나 진법을 들춰

내어 신도神道와 인문人文의 푯대를 지으며 대도의 참빛을 열지 못하므로 드디어 갑자甲子(1864)년에 천명과 신교를 거두고 신미辛未(1871)년에 스스로 이 세상에 내려왔나니"(『도전』 2:30:14-16)

"최제우는 유가儒家의 낡은 틀을 벗어나지 못하였나니 나의 가르침이 참동학이니라."(『도전』 2:94:9)

소위 동학의 이상은 증산상제의 가르침을 통해 성취되어진다. 따라서 증산상제의 가르침은 원동학이며 참동학이다. 물론 수운에게 내린 동학의 연원도 증산상제에게 있었다. 수운의 죽음 이후에도 동학교도들은 꾸준히 활동하였다. 그렇다고 동학의 창시자 수운이 혁명을 선동하거나 혁명을 꾀했던 것은 아니다. 그러나 그의 사후 동학 내부에는 급진파들 즉 혁명적 세력이 존재하였다. 이들은 수운이나 해월 최시형이 가르치듯 수심정기와 같은 개인적 수행에 머무는 것으로 만족하지 않았다. 전봉준은 그러한 급진파의 대표적인 인물이었고, 결국 그가 주도한 난은 청일전쟁을 비롯한 세계적 대란을 불러일으켰다.

증산상제는 전봉준을 비롯한 동학도들이 갑오년 9월 척왜를 내세우고 기포한 것에 대해 그 어리석음을 질타하였다. 전봉준이 과연 동학의 가르침을 진실로 믿었는지에 대해서는 확답을 내릴 수 없다. 단지 그가 이끈 동학군이 "오만년수운대의五萬年受運大義"라는 글을 쓴 기를 시녔고, 또 "오만년수운"

혹은 "오만년대운五萬年大運"이라는 머리띠를 둘렀음을 통해 동학과의 연결성을 짐작할 수 있을 뿐이다. 그러나 증산상제는 동학신도들이 수운의 「안심가」를 잘못 해석하여 난을 일으켰다고 지적했다. "내가 또한 신선 되어 비상천 한다 해도 개같은 왜적놈을 하늘님께 조화 받아 일야에 멸하고서"(「안심가」).「안심가」의 이 구절은 동학신도들이 '하늘님의 조화'가 있으면 왜적을 하룻밤에 멸할 수 있다는 수운의 말을 곧이곧대로 받아들였음을 지적한 것이다. 그런데 증산상제는 동학도들이 "일본 사람이 3백년 동안 돈 모으는 공부와 총쏘는 공부와 모든 부강지술을 배워 온 것"(『도전』 5:4)을 몰랐음도 지적했다. 때문에 아무런 준비도 없이 일본에 대해 전쟁을 도발하였음을 질타한 것이었다.

후천세상의 도래를 수운이 다시개벽을 통해 알렸고, 전봉준은 동학혁명을 일으켜 그것을 현실로 만들려고 하였다. 그러나 주지하다시피 전봉준의 동학혁명은 참담한 희생만 남기고 실패로 돌아갔다. 증산상제는 아직 때가 아니고 동세動世만으로는 새 세상을 열 수 없음을 지적한 것이다. 그는 수운에게 "천명과 신교"를 내렸지만 수운이 그 가르침을 제대로 펴지 못했으므로 이제 직접 이 지상에 내려와 스스로 '참동학'을 실현해야만 하였다. 때문에 증산상제는 "내내 하고 난 것이 동학이다."(『도전』 10:34:2)라 하고 "나를 믿는 자는 무궁

한 행복을 얻어 선경의 낙을 누리리니 이것이 참동학"이라고
선언하였다. 요컨대 증산상제는 개벽을 제시만 하는 데 그치
지 않고 천지공사를 통해 역사에 누적되어온 원한을 해소하고
새로운 세상의 기틀을 놓는 일을 하였던 것이다. 이것이 그가
말한 참동학이며, 또 다른 표현으로 본다면 정세의 의미이다.
"최수운은 동세動世를 맡았고 나는 정세靖世를 맡았나니"(『도
전』 2:31:3)라 하여 동학과 참동학처럼 동세와 정세를 연결짓
고 있다.

> 대저 제생의세濟生醫世는 성인의 도道요, 재민혁세災民革世는
> 웅패雄覇의 술術이라. 이제 천하가 웅패에게 괴롭힌 지 오랜지
> 라. 내가 상생相生의 도로써 만민을 교화하여 세상을 평안케
> 하려 하나니(『도전』 2:75:9-10)

혁세와 정세의 두 길

재민혁세라 함은 '백성들(民)에게 고통을 주면서'(災民) 세
상을 뜯어고치는 일(革世)이나, 제생의세는 '뭇 생명을 구하면
서'(濟生) 병든 세상을 고쳐 구원하는 일(醫世)이다. 전자가 지
금껏 역사속에서 숱하게 보아왔던 변혁의 방법이라면, '상생
의 도로써 만민을 교화하여' 억조의 생명을 건지는 후자는 후
천선경을 여는 대변혁의 방법이다.

혁세는 웅패의 술이고, 그 전형이 혁명이나 전쟁이었다. 지

금껏 인류사에 나타난 끊임없는 혁명과 전쟁, 전봉준 장군의 동학혁명은 모두 혁세의 방법이었다. 이러한 혁명은 아무리 구질서를 타파한다는 명목으로 일어난다 하더라도, 이로 인해 무고한 인명이 원한을 품은 채 죽기 때문에 용납되지 않는다. 증산상제는 "대군大軍을 거느리고 적진을 쳐부수는 일이 영화롭고 장쾌하다 할지라도 인명을 잔멸케 하는 일이므로 악척惡隻이 되어 앞을 가로막느니라"(『도전』 2:104:1)고 하였다. 곧 상극적인 방법(전쟁)을 통해 희생되는 숱한 인명은 원한을 품게 되고, 따라서 신명세계를 어둡게 하여 결과적으로 현세는 상극과 갈등, 대립이 나타나게 된다고 하였던 것이다.

동학혁명은 보국안민輔國安民과 후천 오만년을 내세우고 출발했지만, 최수운이 알려준 '상제'를 잃어버렸고 '천주를 모시는'(侍天主) 삶도 잊어버렸다. 때문에 증산상제는 이 혁명이 시작될 때부터 방관 내지는 부정적 태도를 보였다. 이 혁명은 필연적으로 성공하지 못할 것이며 무고한 생민만 전화戰禍에 몰아넣게 된다고 보았던 것이다.[90] 뿐만 아니었다. 혁명에 참

---

[90] 증산의 동학혁명과의 관련은 전쟁에의 참여보다는 패망의 대세를 예감하고 전쟁참여자를 구하려는 데서 시작되었다. "후천개벽세계를 알리는 이 천하대란의 대세를 지켜보고 있다가, 천하가 날로 그릇됨을 깊이 근심하시고 의연히 광구창생의 큰 뜻을 품으시니라. 이 해 5월 어느 날 밤 꿈에 한 노인이 찾아와 천지 현기玄機와 세계대세를 비밀히 논하니라"(『도전』 1:21). "이로써 동학군이 겨울에 이르러 패망할 것을 아시고 모든 사람에게 '동학에 들지 말라.'고 권유"(『도전』 1:22:5)하였다는 내용과, 동학군을 찾아가 "내가 여기에 온 것은 장래의 대세를 전하고자 하기 위함입니다. 지난 3월

가한 동학농민군들은 동학이 알려준 시천주와 다시개벽을 잊어버리고 왕후장상과 같은 지배계급이 되려는 꿈에 충만되어 있었다. 때문에 동학군은 민심을 얻지 못했다. 동학군이 9월 봉기에선 '척왜斥倭'를 내걸었는데도 그 명분이 먹혀들지 않았던가 보다.

> "충청도 단양의 동학도들이 단양읍내 집들을 마구 불질렀다 하는데 명분은 왜놈(倭奴)를 격퇴하기 위한 것이라 한다."
> "동학도들의 성세聲勢가 다시 떨치고 있는데 모두가 왜놈(倭奴)을 물리치기 위한 것이라고 그 명분을 내세우고 있다."
> "동학도들이 기승을 부린다. 벼 추수를 그들 마음대로 하며 요호饒戶(富農)의 외작外作(小作)을 마치 저들의 소유인양 거둬들이고 있다. 올해 추수가 끝나기 전에 저들 동학도가 먼저 망해야 천리天理일 것이다."

왜 동학도들이 망하는 것이 '하늘의 이치'라 했을까? 얼마나 동학도들을 원망했으면 동학군에 대한 방비를 마을마다 튼튼히 하는 조치를 강구하였을까? 백성들의 한을 해원하기보다는 새로운 원한을 발생시킨 이 혁명![91] 그러나 증산상제의

───

에는 동학군이 황토재에서 대승을 거두었으나, 이번에는 겨울에 이르러 전패할 것입니다. 그래서 동학군의 발원지인 이 곳에 효유하러 왔습니다. 접주인 그대에게 무고한 생민들을 전화에 그만 끌어들일 것을 간곡히 당부합니다."(『도전』 1:23:4)는 내용은 이러한 사실을 확인시켜 주고 있다.

91 "혁명이란 깊은 한恨을 안고 일어나는 역사의 대지진인즉, 동양 삼국의 국내외 전쟁은 고부를 진원으로 하여 갑오년 1월부터 터지기 시작한 동방

역사관은 혁세를 넘어 정세, 곧 제생의세였다. '뭇 생명을 구하면서 병든 세상을 고쳐 구원하는 일.' 증산상제는 동학혁명에서 발생된 새로운 원한을 해원하고 뭇 생명들을 살리면서 후천 선경사회를 맞을 준비를 하였다. 이것이 앞서 말한 참동학이며, 성인의 도이자 상생의 도 곧 의세로 세상을 다스리는 정세靖世인 것이다.

새로운 역사의 출발! 이는 이렇게 동세動世와 정세靖世로 나누어 이야기할 수 있다.

> "황제黃帝가 난亂을 지으므로 치우蚩尤가 큰 안개를 지어 이를 평정하였나니 난을 지은 사람이 있어야 다스리는 사람이 있느니라. 최수운은 동세를 맡았고, 나는 정세를 맡았나니 전명숙의 동動은 곧 천하의 난亂을 동動케 하였느니라. 최수운은 내 세상이 올 것을 알렸고, 김일부는 내 세상이 오는 이치를 밝혔으며, 전명숙은 내 세상의 앞길을 열었느니라."(『도전』 2:31:1-5)

난을 짓고 평정함이 순리이다. '시천주'와 '다시개벽'을 알린 최수운은 새로운 세상이 올 것을 알렸고 전봉준 장군은 난亂을 지어 천하의 난을 동케 하여 새 세상의 길을 열었으며, 증산상제는 난을 다스려 새 세상의 길을 놓았다. 이것이 동세와

조선민족의 천하대란인 동학혁명으로부터 발원하니라".(『도전』 1:20:3).

정세이다. 최수운은 동세를 맡았고 전봉준 장군은 동세를 직접 실행하였으며 그리고 증산상제는 정세의 제생의세濟生醫世의 삶을 살았다. 그렇다 하더라도 증산상제는 동학혁명의 의미를 높게 평가했다. 전봉준 장군이 지휘한 동학혁명은 이 모든 것을 매듭짓고 새로운 세상을 향한 첫 출발이었던 것이다. "혁명이란 깊은 한恨을 안고 일어나는 역사의 대지진인즉" 동학혁명은 "동방 조선민중의 만고의 원한이 불거져 터져나온" 혁명이었지만, '후천개벽의 새 시대를 알린' 혁명이었다. 때문에 '동학혁명으로부터 천하의 대란이 동動케 된 것이다.' 동학혁명의 과정에서 일본과 청나라가 패권을 겨뤄 동아시아 질서판도가 바뀌었고, 몇 년 후에는 일러전쟁이 일어나 일본이 승리함으로써 세계열강을 놀라게 했다. 그리고 세계 제1, 2차 대전으로 전개되어 천하의 대란을 만들어냈던 것이다. 전봉준 장군은 바로 그 천하의 난을 움직인 명장이었다.

황토현 기념관에 전시된 정봉준 장군의 절명시가 새겨진 도자기.
전봉준장군은 1894년 12월 2일 순창에서 체포된 뒤, 서울에서 다섯 차례의 심문을 받고 사형이 확정되어, 1895년 3월 30일 새벽에 형이 집행되었다.
형이 집행되기 직전에 절명시를 남겼다.

8장. 전명숙은 진실로 만고명장이라

의로움의 표상

비록 패장이었지만, 조선의 영웅 전봉준 장군. '녹두장군'이라 불릴 만큼 체구는 작았지만 그의 가슴에 품은 엄정한 기상과 강건한 투지는 그 누구도 따를 수 없는 만고萬古의 명장名將이었다. 갑오년(1894)에 그가 보여준 보국안민輔國安民과 광제창생廣濟蒼生의 동학혁명은 성경신 없이는 감히 나설 수 없는 길이었다. 마지막 길이었던 5차에 걸친 심문과 교수대 앞에서조차 그는 한결같이 굳건한 의지로 제세濟世의 경륜을 곧게 주장할 뿐이었다. 시천주의 삶과 다시개벽의 신념을 가슴에 품고 놓지 않은 탓이었으리라.

법관이 갖은 악형과 달콤한 유혹에도 전봉준 장군은 의지를 꺾지 않았다. "너는 나의 적이요, 나는 너의 적이다. 내가 너희를 쳐 없애고 나라 일을 바로잡으려다가 도리어 너희 손에 잡혔으니 너희는 나를 죽일 뿐이요, 다른 말은 묻지 말라. 내 적의 손에 죽을지언정 적의 법의 적용은 받지 않을 것이다." 장군은 이렇게 외치고 아예 입을 닫아버렸다. 뿐만 아니었다. 교수대 앞에서 법관이 "가족에게 할 말이 있으면 말하라"고 하자, 그는 "나를 죽일진대 종로 네거리에서 나의 목을 베여 오가는 사람들에게 내 피를 뿌려주는 것이 옳거늘 어찌하여 컴컴한 적굴에서 조용히 죽이느냐"고 꾸짖었다.

그리고는 교수대 앞에서 마지막 시(절명시)를 남기고 형장의 이슬로 사라지고 말았다.[92]

> 때가 와서 하늘·땅과 함께 힘썼으나
> 운이 가니 영웅도 꾀할 바 없구나
> 백성을 위한 정의로움 나는 결코 잊지 않네
> 나라를 사랑한 붉은마음 뉘 알리요.
> 時來天地階同力
> 運去英雄下自謨

---

92 전봉준은 드디어 법무 아문 참의參議 장박張博의 판결에 의해 『대전회통 大典會通』 형전刑典 가운데 있는 '군복기마 작변관문자 부득시참(軍服騎 馬作變官門者 不得時斬)'이라는 조항을 적용받아 1895년 3월 29일(음력) 에 동지인 손화중·최경선·성두한·김덕명 등과 함께 교수대絞首臺의 이슬로 사라지고 말았다.

愛民正義我無失
愛國丹心誰有知

'백의한사白衣寒土로 일어나서 능히 천하를 움직인' 전봉준 장군.

그가 주도한 동학혁명은 조선역사에서 근대를 열었고, 그 후 현대사에 일어난 모든 대변혁의 시발점이 되었다. 근대사를 문 연, 곧 근대사의 절대적 좌표로서 실제 출발점으로 동학혁명을 설정할 수 있게 된 것이다.

전명숙全明淑이 도탄에 빠진 백성을 건지고 상민常民들의 천한 신분을 풀어 주고자 하여 모든 신명들이 이를 가상히 여겼느니라. 전명숙은 만고萬古의 명장名將이니라. 벼슬 없는 가난한 선비로 일어나 천하의 난을 동動케 한 자는 만고에 오직 전명숙 한 사람뿐이니라.(『도전』 4:11:1-3)

근대는 사회구성원이 봉건

제적 신분구조의 굴레를 벗어나 사회의 올바른 주체가 되는 데서 시작되었다. 19세기 조선의 백성들은 봉건제적 신분구조 아래서 신음하며 탐관오리의 횡포를 벗어나지 못하고 있었다. 전봉준 장군은 '안민安民'을 기치로 내걸었다. 그는 '도탄에 빠진 백성들을 건지고 상민들의 천한 신분을 풀어주고자'(『도전』 4:11:1) 노력했다. 백성들의 쌓인 원한을 풀어주는 일, 이것이야말로 그가 봉기한 목적중의 하나였던 것이다. 고통받는 백성들의 원과 한을 외면하지 않는 상생의 사회, 이것이 전봉준 장군이 그렸던 새로운 세상이었으리라.

뼈에 사무친 원한

조선조 후기의 참담한 사회상황을 말할 때, 우리는 '삼정三政의 문란'을 곧잘 이야기한다. 삼정은 조선조 국가재정의 3대 요소인 전정田政, 군정軍政, 환곡還穀이다. 19세기 들어와 삼정의 문란은 극에 달하였다. 있으나 마나 한 왕조, 차라리 없는 것이 어쩌면 더 나을 정도였다. 삼정의 문란은 이러한 봉건 왕조의 무능과 부패가 낳은 결과였다. 국가의 통치질서가 극도로 문란해지자, 감사나 하물며 아전 등 지방관들의 백성에 대한 횡포도 극에 달하였다. 쥐들에게 쌀을 맡긴 격이었다. 아전은 예로부터 악명이 높았다. 더구나 전주지역의 아전들은 대원군이 조선의 3대 폐단의 하나로 꼽을 만큼 횡포가 대단하였다.[93] 이와 관련된 속담도 있었다.

"아전 술 한 잔이 환자還穀 석 섬이 된다."
"촌년이 아전하고 서방질하면 갈지 자 걸음을 걷고 육개장 아
니면 안 먹는다."

아전이 백성을 얼마나 못살게 굴었는지 익히 알만하다. 19
세기 실학자 정약용이 왜 서리망국론胥吏亡國論을 폈는지 이해
가 된다. 그도 서리들을 곧잘 굶주린 이리와 승냥이로 묘사하
고 있었으니. 결국 19세기 백성들은 이리와 승냥이 앞에 놓여
진 가엾은 토끼인 셈이다.

전정은 밭에 매긴 세금을 거둬들이는 일이다. 봉건왕조는
백성들이 경작하는 토지에 전세·대동미·삼수미·결미 등 기본
세와 거기에 붙은 40여 가지 이상의 부가세를 수탈하였다. 오
랫동안 경작하지 않은 묵은 땅에도 세금을 매겼고 농민들이
땅 한 고랑만 개간하여도 거기에 잇닿아 있는 다른 묵은 땅까
지 몽땅 개간지로 등록하여 엄청나게 많은 양의 조세를 수탈
하였다.[94] 그야말로 무법천지의 세상이었다.

---

93 『매천야록』 '갑오이전'.

94 김철수, 『격동의 세월 19세기 조선의 생활모습』, 증산도상생문화연구소,
2010 참조. 기본세 외에 각종 부가세들이 관료들의 농간에 의해 엄청나게
늘어났다. 삯말 값, 새로 임명되어 오는 원들의 부임여비와 이전 원이 돌아
갈 때 쓰는 여비, 관청수리비 등 이름도 듣도 보도 못한 각종 세들이 만들
어졌다. 뿐만 아니었다. 고위급 관리들의 식사비, 서원의 제사비, 사신의 보

19세기 들어와 군정의 착취는 더욱 심했다. 백골징포, 황구첨징, 인징, 족징 등은 군정착취의 대표적 존재였다. '황구첨징'은 군에 갈 나이도 안된 어린아이에게서 군포를 징수하는 것이다. 그것은 그래도 나았다. 배안의 어리아이에게 이름을 붙여 군적에 등록하거나, 여자를 남자로 고쳐 등록하여 악착스레 군포를 징수하였다. 그야말로 도둑보다 더 무서운 날강도였다. '백골징포' 역시 죽은 사람에게 군포를 징수하는 것도 기막힌 일이지만, 죽은 사람을 군적에서 지워버리려면 사망료, 사망감정료, 장부기입료 등 잡다한 수속비용이 들었다. 백성들은 오히려 백골징포의 군역을 지는 것이 차라리 낫다는 심정이었다. 젖먹이 '기병'과 백수십 년 전에 죽은 '선무군관'이 군포징수대장에 계속 남아 있으니, 그야말로 사회는 아비규환이었다.[95] 그렇다고 도망치기도 쉽지 않았다. 제 고장을 떠난 사람들도 계속 군적에 남아 친척들과 마을 주민들이 계

조여비, 고을원의 어미가 타는 쌍가마 수리비, 감사의 생활비와 순찰비, 원들의 여비, 외국표류선 구제비, 고을 권문세가의 족보발간비 등 근 20여종에 달하는 간접세들도 있었다.

95 전라도 강진에, 난지 3일 되는 아이가 군적에 오르고 소를 빼앗긴 노래가 있다. "시아버지 삼년상은 끝난지 오래고 / 갓난아이는 물도 아니 가셨는데 / 3대의 이름이 군적에 실리다니 …. 이정놈의 호통바람에 / 외양간 단벌소가 끌려가누나 …. 부자들은 한평생 풍악이나 즐기며 / 한알 쌀, 한치 베도 바치는데 없다네 / 다같이 나라의 백성이어나 / 어찌 이다지도 고르지 못하단 말인가…."(『정약용 작품선집』 '애절양', 국립문학예술서적출판사, 1960, 146-148쪽 ; 『조선전사』12, 과학백과출판사, 1980, 190-191쪽)

속 부담해야 했다. 소위 인징과 족징이다. 결국 한 사람이 2-3명의 몫을 군포로 착취당하고 있었으니, 당시 백성들은 군적을 '도깨비 장적'이라 부르며 저주했다.

더욱 기막힌 일은, 원래 백성들의 '진휼'과 '기민구제'로 제정된 환정의 착취가 삼정 중 가장 가혹하였다는 사실이다. 전라도 강진 땅에서 10년 동안 귀양살이 한 정약용(1762-1836) 마저 백성들이 환곡을 단 한 섬이라도 받아오는 것을 본 일이 없고, 다만 매해마다 집에서 5-7섬의 알곡을 환자(환곡을 위한 쌀)로 바치러 가는 것만 보았다 하

황토현에 세워진
동학혁명 기념관의 모습.

였다. 더구나 19세기 전반기에 환정을 더욱 가혹하게 한 것은 아전들이 환곡을 떼먹고 백성에게 이를 물리는 방법이다. 이를 '이포'라 하였다. 특히 전주의 이포액은 엄청났다. 1851년 전주아전들 가운데 각각 2,000여 섬의 환곡을 떼어먹은 자가 4명이었고, 1,000여 섬씩 떼먹은 자도 4명이었으며, 떼먹고 도망간 자의 것까지 합친다면 이 한 고을에서만도 이포는 1만 7,000여 섬에 이르렀다. 창고에 남아있는 쌀이 없었다. 다만 지방관과 아전들이 모두 떼먹고 많이 남아있다는 허위기록만 있을 뿐이었다.

진정, '하늘'이 있다면 백성들의 분노를 이다지도 몰랐을까? 봉건관리들은 막대한 양의 재물을 약탈하려고 무고한 백성들에게 곤장을 가하고 주리를 틀며, 죄명을 붙여 가두었다. 중앙이나 지방의 감옥은 죄 없는 죄수로 넘쳐났다. 전국 변방과 깊은 산중, 바닷가와 섬들치고 억울하게 귀양살이를 하지 않는 곳이 없었다. 온 나라가 온통 유형지였고, 억울한 원한들이 천지를 헤매었다. 백성들은 '포정문(도관청 정문)밖에 시체가 널려 있는데, 선화당(도감사가 사무 보는 집)앞에서는 사또가 주리를 틀고 있대요'라는 풍자시를 부르며 저주하였다.

백성들의 원한을 풀다

봉건왕조는 안으로 더러운 관리들의 협잡과 착취와 압제로서 스스로 썩어가고 있었으며 밖으로는 호시탐탐 무력과 강압으로 침략을 노리는 강도, 제국주의 열강들에 의하여 무너져 가고 있었다. 무능한 왕조는 간악한 외세를 물리치기는커녕 오히려 개항이라는 미명하에 허약하게 강탈당했으며, 그와 합세하여 백성들을 짓밟고 속이고 빼앗았다.

벼슬아치와 부자들은 온갖 기름진 땅을 차지한 반면 백성들은 송곳하나 꽂을 땅도 없었다. 수령 방백들은 터무니없는 명목과 가증스런 협박으로 태산같은 세금을 거두었으나, 백성들은 그것을 거부할 한 줌의 힘도 없었다. 악랄한 관료들의 부정부패를 보았으나, 백성들은 그것을 말 할 한치의 혀도 없었다. 그리고 강도 일본의 상품이 시장을 유린하고 곡식을 훔쳐가도 백성들은 그것을 막아낼 무기가 없었다.

백성들의 '원한은 뼈에 사무쳤다.' 19세기 백성들은 밤낮 원망하며 난을 생각한 지 오래되었다(思亂已久).[96] 백성들의 쌓이고 쌓인 원한. 전봉준 장군은 이를 외면할 수 없었다.

세상 사람이 전명숙의 힘을 많이 입었나니 1결結 80냥 하는 세금을 30냥으로 감하게 한 자가 전명숙이로다. 언론이라도 그의 이름을 해하지 말라.(『도전』 4:11:4-5)

각종 세금은 백성들을 쥐어짜던 탐관오리들의 합법적 도구

---

96 姜瑋 '論三政救弊策'『姜瑋全集』상, 아세아문화사, 600-601쪽.

였다. 그들은 갖은 명목으로 백성들에게 세금을 물리고 수탈하였다. 앞서 보았듯이 갑오년 정월 고부봉기도 이러한 지방 관리의 물세(水稅) 수탈이 도화선이 되어 일어났던 것이다. 전봉준 장군은 봉건왕조마저도 속수무책이었던, 아니 묵인·조장하고 있었던 백성들의 고혈을 짜내던 세금을 감하게 하였다.

그리고 '상민들의 천한 신분을 풀어주었다.' 시천주(侍天主)하는 삶에 신분이 무엇이겠는가. 신분제도는 혈통의 존비(尊卑)에 기초한 것이다. 조선조 시대, 개인들은 가난한 삶보다 사람대우 못 받는 삶이 더 큰 고통이었다. 때문에 그들이 열망했던 것은 인간 자체를 무시하고 억압하는 신분적 질곡을 깨트려 버리는 것이다. 전봉준 장군은 신분제도를 폐지하려는 과감한 의지와 행동을 보여줬다.

황현도 지적했다. "동학농민군은 모두 천인 노예이기 때문에 양반사족을 가장 미워하여 관을 쓴 자를 만나면 곧 꾸짖어 '너도 역시 양반이냐?' 하면서 관을 빼앗아 찢어버리거나 혹은 자기가 쓰고 여기저기 다니면서 욕되게 하였다. 무릇 양반집의 노비로서 동학농민군인 자는 물론 비록 동학농민군이 아닌 자로 천한 자는 모두 주인을 겁줘 노비문서를 불태워 강제로 양인으로 만들게 하고, 혹은 주인을 묶고 주리를 틀고 몽둥이로 때렸다. 이에 노비를 가진 자는 분위기를 보고 노비문서를 불태워 그 화를 피하였다. 노비 가운데 온순한 자는 혹 문서를 태우지 않기를 원하기도 하였으나 기세가 더욱 커져 주인이 그를 더욱 두려워하였다. 혹은 사족으로 노奴와 주인이 모두 동학농민군일 경우에는 서로 접장이라고 불러 그들의 법에 따랐다. 백정과 재인才人의 무리도 역시 평민과 사족에게 동등하게 예禮를 행하였으므로 사람들이 더욱 치를 떨었다."[97] 동학농민군 대다수도 양반이 아니었다. 즉 상민과 천민들이 대부분이었다. 그들이 원한 새 세상은 신분에 차별이 없는 상생의 세상이었던 것이다.

> "남은 어떻게 생각하든지 너는 전명숙全明淑의 이름을 해하지 말라."(『도전』 3:31:8)
>
> 전명숙全明淑이 거사할 때에 상놈을 양반 만들어 주려는 마음을 두었으므로 죽어서 잘되어 조선 명부대왕冥府大王이 되었느니라.(『도전』 2:29:2)

때문에 증산상제는 전봉준 장군의 공덕을 인정하였다. 따라서 다음 장에서 보듯이 전봉준 장군은 만고 역신의 주벽이 되었고 조선 명부대왕이 되어 마침내 새로운 후천 가을세상을 여는 조화정부의 칠성령의 한 장수가 되었던 것이다.

---

97 황현, 『오하기문』.

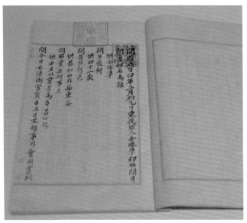

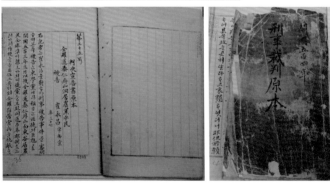

전봉준장군의 공초록(위)과 판결문(아래).

9장. 조화정부의 칠성령

만고역신의 주벽

"아! 동학에서 밝힌 배움은 사람의 도리를 말한 것이니, 굳이 이름을 붙인다면 '도학道學'이라 할 것이다. 그러나 그 실체를 파고들어보면 바로 역적이다".[98] 당시 문장가인 매천梅泉 황현黃玹의 말이다. 시천주와 다시개벽을 드러낸 사상인 동학, 그리고 그 사상에 담긴 새로운 세상을 만들려 혼신을 다해 온 몸을 불살랐던 전봉준 장군. 그러나 혁명은 성공하지 못했다. 그러니 전봉준 장군은 살아서는 역적, 죽어서는 역신逆神이 된 것이다. 역신은 쾌도난마의 의기義氣로 혼란한 세상을 바로잡으려다 역적의 누명을 쓰고 무참히 죽음을 당한 영신靈身을 말

---

98 황현, 『오하기문』, 역사비평사, 107쪽.

한다. 곧 혁명가의 영신을 말함이다.

> 원래 역신은 시대와 기회가 지은 바라. 역신이 경천위지經天緯地의 재능으로 천하를 바로잡아 건지려는 큰 뜻을 품었으나 시세가 이롭지 못하므로 그 회포懷抱를 이루지 못하고 멸족의 화禍를 당하여 천추에 원귀가 되어 떠돌거늘 세상 사람들은 사리事理를 잘 알지 못하고 그들을 미워하여 '역적 놈'이라 평하며 일상용어에 모든 죄악의 머리로 일컬으니 어찌 원통치 않겠느냐.(『도전』 4:28:3-5)

증산상제는 역신들의 원한을 풀어주기 위해 먼저 그들을 시비가 없는 별자리에 붙여 보냈다. 그리하여 이들은 우주간의 특정한 별에서 집단을 이루어 살아가고 있는 것이다.

> 그러므로 이제 모든 역신을 만물 가운데 시비是非가 없는 별자리星宿로 붙여 보내느니라. 하늘도 명천明天과 노천老天의 시비가 있고, 땅도 후박厚薄의 시비가 있고, 날도 수한水旱의 시비가 있고, 때도 한서寒暑의 시비가 있으나 오직 성수星宿에는 그런 시비가 없느니라.(『도전』 4:28:6-8)

녹두장군 전봉준! 그도 죽어서 역신이 되었다. 뿐만 아니라 전명숙 장군이 주도했던 갑오(1894)년 동학혁명은 천상신명들을 크게 동케 했다. 따라서 증산상제는 전봉준 장군을 만고역신의 주벽신主壁神으로 삼았다. 이 만고역신의 주벽신을 해원시키는 일이 모든 역신해원의 머리가 되었다. 증산상제는 그 수를 헤아릴 수 없이 많은 인류역사의 만고원신과 만고역신을 해원시키는 것이 지상선경 건설의 첫걸음이라고 했다. 그 전면에 만고역신의 주벽 전봉준 장군의 해원이 있는 것이다. 이 것이 인류사의 새 장을 열어놓는 천지공사의 가장 중요한 핵심문제이다.

> 천하를 건지려는 큰 뜻을 품었으나 시세時勢가 이롭지 못하여 구족九族이 멸하는 참화를 당해 철천의 한恨을 머금고 의탁할 곳 없이 천고千古에 떠도는 모든 만고역신萬古逆神을 그 다음으로 하여 각기 원통함과 억울함을 풀고, 혹은 행위를 바로 살펴 곡해를 바로잡으며, 혹은 의탁할 곳을 붙여 영원히 안정을 얻게 함이 곧 선경을 건설하는 첫걸음이니라.(『도전』 4:17)

조선의 명부대왕

뿐만 아니라 증산상제는 전봉준 장군을 또 후천개벽기에 한 민족의 생사를 판단하는 조선명부 대왕에 임명하였다. 명부冥府는 '어둠의 집, 죽음의 관청'을 말한다. 어둠은 죽음이고, 관청은 다스리는 곳이다. 곧 명부는 모든 생명의 생사와 죽음의 질서를 다스리는 부서이다. 죽어야 될 사람이 죽지 않고, 죽지 않아야 될 사람이 죽는다면 이 세상은 혼란에 빠진다. 명부는 그러한 죽음의 질서를 관상하는 곳이다. 보통 다른 말로 명부를 저승이라 부르기도 한다. 그리고 구천九泉, 유명幽冥, 음부陰府, 황천黃泉 등의 용어를 쓰기도 한다. 증산상제는 임인(1902)년 4월에 김형렬의 집에 머물면서, 여러 날 동안 명부공사冥府公事를 행하였다.

> "명부공사의 심리審理를 따라서 세상의 모든 일이 결정되나니, 명부의 혼란으로 말미암아 세계도 또한 혼란하게 되느니라. 그러므로 이제 명부를 정리整理하여 세상을 바로잡느니라.… 전명숙은 조선 명부, 김일부는 청국 명부, 최수운은 일본 명부, 이마두는 서양 명부를 각기 주장케 하여 명부의 정리공사장整理公事長으로 내리라."(『도전』 4:4:2-4)

사람이 죽은 후 신명이 제일 먼저 가는 곳이 명부이다. 명부는 사람이 죽고 사는 것을 관장하기 때문이다. 인간이 죽은 뒤 명부에 가면 심판審判을 받는다. 그 심판은 죽음이 틀림없는가를 확인하고 생전에 지은 선악업들에 대한 판결이다. 명부 혹은 저승은 인간의 수명을 주재하고 인간의 죄악과 선행의 공덕을 밝히는 신도의 법정이다.

명부에는 명부시왕과 명부대왕 그리고 명부사자들이 있다. 명부사자는 '저승사자' '황천사자'와 같은 뜻이 된다. 명부대왕은 지상 각 나라의 명부를 주재하는 신명이다. 명부대왕은 인간세상과 밀접한 관계를 맺고 있다. 그래서 증산상제는 선천의 말기에 인간세상의 혼란을 바로잡기 위해 명부대왕을 교체하였다(『도전』4:4). 명부대왕을 정리하여 증산상제는 일령지하一令之下로 위급한 동양의 형세의 대세를 돌려잡았다(『도전』5:4:5-6). 여기서 전봉준 장군은 살아서 그 공덕을 인정받아 죽어서는 조선명부 대왕을 맡았다. 곧 이 세상의 혼란이 명부의 혼란과 직접 연결되어 있기 때문에 전봉준 장군은 천상에서 조선명부의 혼란을 바로잡고 조선 백성들의 생살권을 거머쥐어 후천명부를 다시 정하는 역할을 맡았던 것이다. 그는 죽어서 만고역신의 주벽, 조선의 명부대왕이 되어 선경을 건설하는데 바탕돌이 되었다. 이는 살아 생전 그가 쌓은 지대한 공덕이 보상을 받았기 때문이었다.

선경건설의 첫머리

전봉준 장군은 마지막까지 자기의 뜻을 꺾지 않고 애국의 일편단심을 나라에 바쳤다. 안으로는 썩은 왕조의 정치적 모순과 지배계급의 착취에서 피압박 민중을 구하고, 밖으로는 척양척왜斥洋斥倭의 민족적 의기로써 외세 침략을 물리치려 했던 전봉준 장군. 그는 근대 한국의 이중적 안팎의 고통과 신음을 제거하기 위해 동학혁명을 일으켜 투쟁하다가, 민족 숙원의 가시관을 쓴 채 아깝게 사라졌다. '민족의 등불' 녹두장군 전봉준은 갑오년이라는 너무나 짧은 한시대의 순간에 나타났다가 번쩍이고 사라진 한 줄기 섬광이었다. 그러나 미완성의 그 빛은 우리 민족사에서 영원히 사라지지 않는 한민족혼의 상징이며 빛나는 이상이었다.

하기에 사람들은 애국에 바쳐진 그의 길지 않은 생을 뜨겁게 떠올리며 그에 대한 갖가지 전설과 이야기, 노래를 엮어 청사에 그의 업적을 길이 전하였다. 그 가운데 파랑새 민요는 사람들 속에서 널리 불리워지던 노래였다.[99]

새야 새야 파랑새야
녹두잎에 앉은 새야
녹두잎이 까딱하면
너 죽을줄 왜 모르니

---

[99] 평양지역의 노래이다. 여기서 파랑새는 청나라 군사를, 녹두는 전봉준을 가리키며 청포장사는 대중을 의미하는 것으로 해석되고 있다. 노래의 뜻은 새떼처럼 밀려드는 청나라 군사들은 참다못해 일어난 농민군을 진압하려 말라, 농민군의 지휘자 전봉준이 쓰러지면 또다시 착취와 빈궁 속에 헤매여야 한다는 것이다. 이 노래를 통하여 알 수 있는 것은 당시 백성들이 전봉준을 희망의 상징으로 떠받들고 있었다는 것이다. 전국각지의 백성들이 그를 신뢰하고있었다는 것은 다른 지방에서 얼마간씩 변형되기는 하였지만 파랑새 노래가 널리 불리워진 사실을 통하여 알 수 있다. 녹두밭은 그냥 녹두밭이 아니라 동학군을 뜻한다. 전봉준은 어릴 때 몸집이 작아 녹두라는 별명이 붙어서 녹두장군이라 했다. 청포장수는 동학군에 의지하고 살아가는 민중이다. 녹두꽃을 떨어뜨리는 파랑새는 동학군을 멸하는 푸른 제복의 일본군이다. 그런데 어디에서 들었는지 다른 아이들은 전봉준의 성 숫자에는 八과 王자가 들어 있어서 팔왕이라고 읽혀진다며 그래서 파랑새는 팔왕의 전봉준이 된다는 것이다.

"시속에 전명숙全明淑의 결訣이라 하여 '전주 고부 녹두새'라 이르나 이는 '전주 고부 녹지사祿持士'라는 말이니 장차 천지 녹지사가 모여들어 선경仙境을 건설하게 되리라."(『도전』8:1:7-8) 증산상제는 '천지 녹지사'가 모여들어 선경을 건설한다고 했다. 전봉준은 '전주 고부 녹두새' 곧 녹두장군이었으나 이는 '녹지사'의 뜻이라 하였다. 녹지사는 천지의 녹을 창출하고 또 그것을 정의롭게 분배·순환시키는 가을인간에 대한 문명사적인 정의였다. 따라서 전주 고부 녹지사는 '천지의 복록을 띠고 새로운 시대를 건설하려 몰려드는 고부의 선비'였다. 여기에서 전봉준 장군은 후천의 새 시대를 여는데 그 선두에 서 있었다.

　증산상제의 생애에 간과할 수 없는 역사적 대사건, 갑오년 동학혁명. 동학은 천주님을 모시고(侍天主) 신앙하는 믿음의 새 시대가 열렸음을 선언한 가르침이었다. 또한 동학은 이 땅에 상극의 선천을 종결하고 상생의 후천으로 전환되는 개벽 시대의 도래가 이루어질 것임을 전했다. 최수운 대신사가 천명과 신교를 받아 선포한 동학의 궁극적 이상은 '시천주 조화정'이라는 주문 구절에서도 잘 알 수 있다. 그러나 최수운은 '유교적 가치관을 벗고 대도의 참 빛을 올바르게 드러내지 못하였고', 그가 죽은 이후에는 신앙의 중심을 잃어버렸다.

　그로부터 30여년 뒤 전봉준 장군이 주도한 농학혁녕 역시

대도의 차원에서 새 세상을 열지 못했다. 동학혁명은 상극적 방법(전쟁)으로 일관하여 사회를 개혁하는 수준에 그치고 말았다. 그러나 혁명이란 본래 이전의 체제를 뒤집는 급격한 변혁을 뜻한다. 동학의 주제는 선천에서 후천으로 시명時命을 바꾸는 것이었다. 곧 인류사의 생장과정을 마치고 성숙과 통일로 들어서는 후천 가을 대개벽을 맞는 길을 여는 것이다. 증산상제는 이를 '남조선'으로 말했다. 남조선은 미래의 영원한 조상이며 선경세계이다. 곧 후천의 상생문화가 전개되어 전지구에 변혁을 가져다 줄 새로운 문명의 기틀이 짜여지는 곳이다. 그리고 이 후천선경을 건설하는 길이 '남조선 뱃길'이다. 남조선 배질은 변혁의 소용돌이 속에서 위기의 지구촌을 인류구원의 가을 개벽으로 몰아가는 역사정신을 상징하였다.

　새로운 세상을 열기 위해 후천의 통일 문화권으로 궤도 진입해 들어가는 장구한 역사의 대세가 남조선 뱃길인 것이다. 곧 천지역사가 뒤집어지는 모든 변혁의 과정을 말한다. 그러나 남조선 배의 출항은 쉽지 않았다. 비록 출범은 했지만 풍랑이 너무 심해 무너진 것이다. "남조선배가 범피중류汎彼中流로다. … 갑오년甲午年에는 상륙을 못 하여 풍파를 당하였으나 이제는 상륙하였으니 풍파는 없으리라. 장차 조선이 제일로 좋으니라."(『도전』 5:388:4-6) 남조선 배 준비는 동학부터 시작되었지만 배의 출범은 동학혁명이다. 따라서 전명숙은 새로운 세상의 창업군주이자 첫머리였던 것이다.

이러한 남조선 배의 목적지는 바로 후천의 새 하늘 새 땅이다. 이러한 남조선 배에는 우리민족이 대망하여 왔던 진인眞人, 곧 성주聖主가 타고 있다.

> "이 일은 남조선 배질이라. 혈식천추 도덕군자의 신명이 배질을 하고 전명숙全明淑이 도사공이 되었느니라. 이제 그 신명들에게 '어떻게 하여 만인으로부터 추앙을 받으며 천추에 혈식을 끊임없이 받아 오게 되었는가.'를 물은즉 모두 '일심에 있다.'고 대답하니 그러므로 일심을 가진 자가 아니면 이 배를 타지 못하리라."(『도전』 6:83:4-6)

전봉준 장군은 후천의 새 하늘 새 땅으로 나아가는 도사공이다. 그는 후천개벽의 '남조선 배의 도사공'이 되어, 이 배를 지휘하고 있는 것이다. 고난을 이겨내어 천추만대에 길이 빛나는 도덕군자의 모든 성신들과 함께 이 배를 운전하고 있다. 혈식천추 도덕군자의 신명들이 배질을 하고 있다. 천추에 혈식을 끊임없이 받는다 함은 일심一心을 가졌음을 뜻한다. 곧 이들의 공통점은 일심으로 살아온데 있다. 일심은 '변하지 않는 일관된 마음'이며, '천지와 더불어 한 마음이 되는 것'을 뜻한다. 일심을 가진 전봉준 장군은 혼란한 세상을 정의롭게 바로잡으려다 역적의 누명을 쓰고 무참히 참수당한 혁명가였다. 때문에 그는 그 공덕을 인정받아 후천의 새로운 문명으로 나아가는, 곧 후천선경 건설의 돛을 올린 '창업군주의 첫머리'가 된 것이다.

남조선 배가 "갑오년甲午年에는 상륙을 못하여 풍파를 당하였으나 상륙하였으니 풍파는 없으리라. 장차 조선이 제일로 좋으리라."(『도전』 5:388:5-6) 전봉준 장군이 뜻을 품었으나 갑오년(1894)에는 이루지 못한 일, 전봉준 장군은 생전의 공덕을 인정받고 사후에 조화정부의 주역인 칠성령의 한 장군이 되었다. 조화정부는 신명계의 통일정부로 신도의 조화로 인류의 질서를 뜯어고치는 정부이다. 증산상제의 천지공사가 이 조화정부에서 행해지는 정치의 기본틀이며, 이것이 전 세계에 널리 이상화되면 지상에 선경세계가 열린다. 그 때에 조화정부가 세계정부의 형태로 나타나는 것이다. 증산상제가 주재하는 이 조화정부의 정책결정 프로그램(천지도수)은 신인합일의 통치원리로 일점 일획도 틀림없이 인사人事로 전개된다. 요약하면 조화정부는 우주의 주재신이 신권과 도권의 조화권능으로 인류사의 변화질서를 짜나가는 신도의 통일정부이다. 전봉준 장군은 이 조화정부의 칠성령 중 한 주역으로서 후천 가을 대개벽의 선경을 건설하는 첫 머리가 된 것이다. ■

동학농민혁명 주요일지

년도	날짜	전봉준장군과 동학혁명	국내외 정세
1855	12. 3.	고부군 궁동면에서 전봉준 출생	
1859(5세)		서당에서 '백구시' 지음	
1872(18세)		태인 동곡리 지금실로 이주	
1892(38세)		동학에 입교	11. 1. 동학교도 삼례신원운동
1893(39세)	3. 4. (210이전)	금구 원평집회	2. 9. 동학교도 광화문 복합상소
	3. 10. (~4. 2.)	동학교도 보은집회	
	11. 15.	전봉준 등 고부군민(40여 명) 조병갑에게 수세감면 요구	11. 30. 조병갑, 익산군수로 임명
	11.	사발통문 거사계획	
	12.	고부군민 전라감영에 수세감면 호소	
1894(40세)	1. 10. (양2.15)	고부 농민봉기. 고부성 진격	1. 9. 조병갑, 고부군수로 재부임
	1. 17.	전봉준 장군, 말목장터로 진을 옮김	2. 15. 조병갑 정죄, 박원명을 고부군수로 임명
	1. 25.	전봉준 장군, 백산으로 진을 옮김	2. 16. 이용태를 안핵사로 임명
	3. 3.	고부군수 박원명, 농민군 해산	
	3. 11.~12.	전봉준 장군, 무장 손화중포로 피산	
	3. 20.	동학농민군, 무장에서 기포, 창의문 선포	
	3. 23.	고부관아 재점령	
	3. 25. (양4.30)	백산에 본진을 옮기고, 호남창의대장소 설치. 전봉준을 총대장으로 추대. 농민군 4대 행동강령과 격문 발표	
	3. 29.	태인 점령	

년도	날짜	전봉준장군과 동학혁명	국내외 정세
1894(40세)	4. 1.	원평으로 이동	4. 7. 홍계훈의 경군 800명 전주성 입성 4. 17. 일본, 전라 충청 경상연안에 관광목적으로 병대상륙 정부에 요구 4. 18. 스기무라 일본공사, 조선정부의 청에 군사파견 요청 예상을 일본정부에 보고 / 김학진을 전라감사로 임명 4. 26. 일본출병 결정 4. 29. 정식 외교문서로 차병요구서 원세계에 전달 / 일본 혼성여단 출병 결정
	4. 7.	황토현에서 감영군 격파	
	4. 9.	무장 점령	
	4. 16.	함평 점령	
	4. 23.	장성 황룡촌 전투에서 경군 격파	
	4. 25.	정읍, 태인, 원평 점령	
	4. 27.	전주성 입성	
	5. 3.	동학군, 전주 완산에서 전투. 이용복 등 사망	5. 2. 일본대본영 설치, 육전대 488명, 순사 20명 요코스카항 출발 5. 4. 스기무라, 일본군 출동을 조선정부에 통보 5. 5. 청나라 섭사성 부대 1천명 아산만에 상륙 5. 6. 일본군, 인천항 상륙 5. 9. 신임 전라감사 김학진 전주입성. 조선정부 일본군대 철수요구 5. 12. 일본군 2,700명 인천에 상륙. 일본각의 조선의 내정개혁 결의
	5. 7 (양6.10)	전주화약 체결. 전라도 일대 집강소 설치	
	5. 8.	전봉준 금구로 들어감	
	5. 10.	전봉준 태인으로 들어감	
	5. 20일경	전봉준 장성으로 감. 김학진에게 13개조 폐정개혁 요구	
	6. 6.	전봉준, 순창에서 일본 천우협 만남	6. 21. 일본군, 경복궁 침범. 대원군 정계 복귀 6. 23. 아산 풍도에서 청일군 함 해전. 김홍집 정권 수립
	6. 16.	전봉준 광주에 머뭄	
	6. 17.	전봉준 남평에 머뭄	
	6. 18.	전봉준 능주에 머뭄	
	6. 19.	전봉준 능주에서 동남방향으로 떠남	
	6. 25.	김개남, 남원으로 들어옴	

년도	날짜	전봉준장군과 동학혁명	국내외 정세
1894(40세)	7. 2.	전봉준 남원으로 들어감	7. 1. 청일전쟁 선전포고
	7. 6.	김학진 회담제의로 전봉준 전주에 옴	
	7. 7일경	전봉준, 김학진 회담결과 각읍 집강에 치안유지 통문 발송	
	7. 15.	전봉준, 김개남 남원대회 개최	
	8. 13.	전봉준, 나주로 가 집강소 설치 권고, 실패	8. 17. 평양전투에서 일본군 대승리
	8. 25일경	남원대회, 전봉준과 손화중이 남원으로 와 재봉기 만류, 김개남 거부	
	9월초	전봉준, 원평에서 2차 기포 결정, 삼례집결 통문	9. 18. 농민군 삼례역 집결. 북접교주 최시형 각포 두령에 봉기를 결정 9. 25. 최시형, 봉기결정 통문을 김천 도집강에게 발송 일본대본영, 농민군 살륙 훈령 9월말~10월초 충청, 경상도 일대 동학농민군 봉기, 전투
	9. 14.	전봉준 전주성내로 와 무기탈취 후 삼례로 감	
	10월초	여산, 은진거쳐 강경포 진출	10. 15. 일본군 용산출발 남하 10. 16. 외무대신 김윤식, 일본공사에게 인천항의 일본병 100여명 출병을 요청 10. 21. 목천 세상산 전투. 패배
	10. 12.	전봉준, 경군과 충청감영군에 보내는 통문 발표	
	10. 14.	전봉준 강경으로 출발. 김개남 부대 남원출발	
	10. 16.	전봉준 논산도착. 북접과 합류. 충청감사에 항일전선 구축 격문 발송. 김개남 부대 전주 도착	
	10. 23.	이인전투. 김개남 부대 금산 점령	
	10. 24-25.	효포, 웅치 전투. 농민군 경천점 퇴각	

년도	날짜	전봉준장군과 동학혁명	국내외 정세
1894(40세)	11. 9.	우금치 전투, 동학농민군 패배	
	11. 10.	김개남 진잠 점령	
	11. 11.	김개남 회덕 점령	
	11. 12.	동도창의소 이름으로 경병, 영병, 일반백성에게 항일투쟁 촉구 격문 고시	
	11. 13.	김개남 청주공격 실패. 후퇴	
	11. 14.	노성일대 접전	
	11. 15.	논산 황화대 접전	
	11. 17.	전봉준과 김개남, 강경에서 만나 경군과 전투, 패배. 흩어짐	
	11. 23.	전주에서 원평으로 남하	
	11. 25.	원평 구미란 전투. 태인으로 후퇴	
	11. 27.	태인 전투. 동학농민군 주력부대 해산	
	11. 29.	전봉준, 입암산성 도피	
	11. 30.	전봉준, 백양사 도착	
	12. 1.	손화중 부대 광주에서 해산. 김개남 태인에서 체포	12. 11. 고창에서 손화중 체포 12. 13. 김개남, 전주 서교장에서 효수
	12. 2.	전봉준, 순창 피노리에서 체포	
	12. 9.	전라감사, 전봉준 서울로 압상	
1895(41세)	1. 24.	전봉준을 주한 일본공사관으로 인도	1. 1. 원평에서 김덕명 체포 1. 24. 대둔산 전투, 농민군 25명 몰사
	3. 29.	전봉준 교수형	3. 29. 손화중, 최경선, 김덕명, 성두환 등 교수형

【참고문헌】

1. 1차 사료

「취어聚語」
「수록隨錄」
「영상일기嶺上日記」(김재홍)
「성남역사石南歷事」(박문규)
「임하유고林下遺稿」(김방선)
「동도문변東徒問辯」(최영년)
「남유수록南遊隨錄」(이복영)
「갑오약력甲午略歷」(정석모)
「면양행견일기沔陽行遣日記」(김윤식)
「동학군 통문」
「전봉준판결선언서」
『주한일본공사관기록』(국사편찬위원회, 1986)
『전봉준 공초供草』
『全羅道古阜民擾日記』(巴溪生)
『고종실록』
『일성록日省錄』
『대한계년사』
『전주부사』
『동비토략』

2. 영인자료집

동학농민전쟁 백주년 기념사업 추진위원회 편, 『동학농민전쟁사

료대계』 1-6, 여강, 1994.

동학농민혁명 참여자 명예회복 심의위원회 편,『동학농민혁명사 논저목록』, 2006.

동학농민혁명 참여자 명예회복 심의위원회 편,『동학농민혁명사 일지』, 2006.

동학농민혁명 참여자 명예회복 심의위원회 편,『동학농민혁명 국역총서 1-4』, 2008.

『동학사상자료집』, 아세아문화사, 1978.

『나라사랑』 15, 1974.

이상식, 박맹수, 홍영기 편,『전남지방 동학농민혁명 자료집』, 전라남도, 1996.

국사편찬위원회 편,『동학란 기록』상/하, 탐구당, 1985.

3. 주요 단행본

『갑오농민전쟁 100돌 기념논문집』, 집문당, 1995.

『동학농민혁명 100주년 기념 학술대회집』, 전남대 호남문화연구소, 1994.

강만길 편,『명치관보 발췌 주조선일본국영사관 보고』, 신서원, 1988.

구양근,『갑오농민전쟁 원인론』, 아세아문화사, 1993.

김 구,『백범일지』, 1947.

김삼웅,『녹두 전봉준 평전』, 시대의창, 2007.

김상기,『동학과 동학란』, 춘추문고, 1975.

김양식,『새야 새야 파랑새야』, 서해문집, 2005.

김용덕,『동학혁명 혁명투사 전봉준』, 동학출판사, 1974.

김은정·문경미·김원용,『동학농민혁명 100년』, 나남출판, 1995.

김의환,『전봉준 전기』, 정음사, 1974.

김철수,『격동의 세월 19세기 조선의 생활모습』, 증산도상생문
  화연구소.
노태구 편,『동학혁명의 연구』, 백산서당, 1982.
동학농민혁명 100주년 기념전시 위원회 편저,『새야 새야 파랑
  새야』, 발언, 1994.
동학혁명 100주년 기념사업회,『동학혁명 백주년 기념논총』상/
  하, 1994.
송기숙,『녹두장군 부록 : 녹두장군과 전봉준』, 시대의창, 2008.
송기원,『전봉준 21』, 웅진출판, 1997.
신복룡,『동학사상과 갑오농민혁명』, 평민사, 1991.
신복룡,『전봉준 평전』, 지식산업사, 1996.
신복룡,『전봉준의 생애와 사상』, 양영각, 1982.
신순철·이진영,『실록 동학농민혁명사』, 서경문화사, 1998.
신순철·이진영·원도연,『전라도 고창지역의 동학농민혁명』, 고창
  문화원, 1998.
신용하,『동학과 갑오농민전쟁연구』, 일조각, 1993.
안도섭,『새야 녹두새야』, 푸른사상사, 2002.
역사문제연구소,『전봉준공초 외』, 사운연구소, 1996.
역사문제연구소,『전봉준과 그의 동지들 : 다시피는 녹두꽃 2』,
  역사비평사, 1997.
오지영,『동학사』, 대광문화사, 1994.
우 윤,『1894년 : 갑오 농민 전쟁 최고 지도자, 전봉준』, 하늘아
  래, 2003.
우 윤,『전봉준과 갑오농민전쟁』, 창작과 비평사, 1994.
유영익,『동학농민봉기와 갑오경장』, 일조각, 1998.
이강동,『전봉준 전기』, 정음사, 1974.
이광린,『한국개화사연구』, 일조각, 1972.
이이화,『(녹두장군)전봉준』, 중심, 2006.

이이화,『발굴 동학농민전쟁 인물열전』, 한겨레신문사, 1994.

이이화,『전봉준과 동학농민전쟁』, 역사문제연구소, 1996.

이이화,『조선후기의 정치사상과 사회변동』, 한길사, 1994.

이이화, 우윤,『대접주 김인배, 동학농민혁명의 선두에 서다』, 푸른역사, 2004.

장봉선,「전봉준실기全琫準實記」,『갑오동학혁명사』, 신아출판사, 1994.

장효문,『전봉준을 위하여』, 자유세계, 1993.

전하우,『전봉준의 개혁사상』, 영원사, 1993.

정읍동학농민혁명 계승사업회 편저,『(최현식과)동학농민혁명사 연구』, 갈채, 2006.

정창열,『갑오농민전쟁 연구』, 연세대학교 대학원, 1991.

조광환,『소통하는 우리역사 : 발로 찾아 쓴 동학농민혁명』, 살림터, 2008.

최병현,『남원군동학사南原郡東學史』, 복사물, 1924.

최현식,『갑오동학혁명사 : 부록 전봉준실기』, 신아, 1994.

최현식,『신편 정주·정읍 인물지』, 정읍문화원, 1990.

한국역사연구회,『1894년 농민전쟁연구 5』, 역사비평사, 1997.

한국정치외교사학회 편,『갑오동학농민혁명의 쟁점』, 집문당, 1995.

한우근,『동학과 농민봉기』, 일조각, 1983.

황 현,『번역 오하기문梧下記聞』, 김종익 역, 역사비평사, 1994.

4. 주요 연구논문

강창일,「갑오농민전쟁 자료발굴: 전봉준 회견기 및 취조기록」,『사회와 사상』, 1988년 9월 창간호.

김상기,「동학과 동학란」,『동방사론총』, 1974.

김용섭,「전봉준 공초의 분석」,『동학혁명의 연구』, 백산서당, 1993.

김의환,「1892·3년의 동학농민운동과 그 성격」,『동학사상과 동학혁명』, 청아출판사, 1984.

김의환,「갑오농민항쟁과 남·북접 문제」,『나라사랑』15, 외솔회, 1974.

박맹수,「최시형의 종교사적 위치」,『한국종교사연구』5집

박찬승,「1892,1893년 동학교도들의 '신원' 운동과 '척왜양' 운동」,『1894년 농민전쟁연구』3, 역사비평사, 1994.

배항섭,「1890년대 초반 민중의 동향과 고부민란」,『1894년 농민전쟁연구』4, 역사비평사, 1994.

배항섭,「19세기 후반 '변란'의 추이와 성격」,『1894년 농민전쟁연구 2』, 역사비평사.

송정수,「전봉준 장군 가계에 대한 검토,」『호남사회연구』2, 1995.

송정수,「전봉준 장군 출생지에 대한 고찰」,『전라도 고창지역의 동학농민혁명』, 고창문화원, 1998.

신용하,「갑오농민전쟁의 제1차 농민전쟁」,『동학과 갑오농민전쟁연구』

왕현종,「1894년 농민봉기, 어떻게 부를 것인가,」『역사비평』10호, 1990 가을호.

원종규,「갑오농민전쟁발생의 사회경제적 요인과 역사적 필연성」,『갑오농민전쟁 100돌 기념논문집』, 평양: 과학백과사전종합출판사, 1994.

이석문,「갑오농민전쟁 10월 봉기에 관한 연구」, 원광대학교 교육대학원, 1994.

이이화,「전봉준과 동학농민전쟁」,『역사비평』7-10호, 1989-1990.

이진영,「동학농민전쟁과 전라도 태인현의 재지사족」, 전북대학
　교 대학원 사학과 박사학위논문, 1996.

장영민,「동학농민운동연구」, 한국정신문화연구원 박사논문,
　1994,

정진상,「갑오농민전쟁에 관한 사회사적 연구 - 농민군의 역사적
　지향과 전쟁의 결과를 중심으로」, 서울대박사학위논문, 1992.

정창규,「1893년 보은집회투쟁의 성격에 대하여」,『한국 근현
　대 사회과학 주요 논문대계 제7권』, 전태일 노동자료연구실,
　1991.

정창렬,「갑오농민전쟁연구-전봉준의 사상과 행동을 중심으로」,
　연세대학교 대학원 사학과, 1991.

조경달,「1894년 농민전쟁에 있어서 동학지도자의 역할」,『역사
　연구』제2호, 거름, 1993.

조경달,「갑오농민전쟁 지도자=전봉준 연구」,『조선사총』7,
　1983.

조광환,「전봉준의 생애연구-고부봉기 이전의 행적을 중심으
　로-,」원광대 석사논문, 2000.

橫川貞夫,「전봉준에 대한 고찰」,『조선사연구회논문집』13,
　1976.

찾아보기